## 体育运动

# 手球
## SHOUQIU

# BANGQIU
# 棒球

U0609279

主编 陈 刚 郑风家
　　　赵锦锦 岳 言

走进**大自然**
**走到**阳光下
养成**体育锻炼**
好习惯

吉林出版集团股份有限公司 全国百佳图书出版单位

**图书在版编目 (CIP) 数据**

手球 棒球 / 陈刚, 郑风家等主编.—长春：吉林出版集团股份有限公司, 2011.6（2024.1 重印）

ISBN 978-7-5463-5263-3

Ⅰ. ①手… Ⅱ. ①陈… ②郑… Ⅲ. ①手球运动—青年读物②棒球运动—青年读物③手球运动—少年读物④棒球运动—少年读物 Ⅳ. ①G844-49②G848.1-49

中国版本图书馆 CIP 数据核字（2011）第 081740 号

# 手球 棒球

**主编** 陈刚　郑风家　赵锦锦　岳言

**责任编辑** 林丽

**出版发行** 吉林出版集团股份有限公司

**印刷** 三河市同力彩印有限公司

**版次** 2011 年 7 月第 1 版　2024 年 1 月第 8 次印刷

**开本** 787mm×1092mm 1/16　**印张** 10　**字数** 100 千

**地址** 吉林省长春市福祉大路 5788 号　**邮编** 130000

**电话** 0431-81629968

**电子邮箱** 11915286@qq.com

**书号** ISBN 978-7-5463-5263-3

**定价** 45.80 元

# 目录

手球

**第一章 运动保护**

第一节 生理卫生........................2

第二节 运动前准备......................3

第三节 运动后放松......................8

第四节 恢复养护.......................10

**第二章 手球概述**

第一节 起源与发展.....................12

第二节 特点与价值.....................13

**第三章 手球场地、器材和装备**

第一节 场地..........................18

第二节 器材..........................20

第三节 装备..........................22

**第四章 手球基本技术**

第一节 站立与移动.....................26

第二节 持球与传接球...................27

第三节 运球..........................44

第四节 掷界外球.......................47

第五节 守门员技术.....................48

第六节 射门..........................52

# 目录  CONTENTS

第七节 个人防守.........................54

第八节 假动作...........................60

**第五章 手球基础战术**

第一节 11人制手球比赛...................64

第二节 7人制队员职责....................67

第三节 进攻战术.........................70

第四节 防守战术.........................71

**第六章 手球比赛规则**

第一节 程序.............................76

第二节 裁判.............................77


**棒球**

**第七章 棒球概述**

第一节 起源与发展.......................84

第二节 特点与价值.......................87

**第八章 棒球场地、器材和装备**

第一节 场地.............................90

第二节 器材.............................92

第三节 装备.............................95

# 目录

**第九章 棒球基本技术**

第一节 进攻技术......................100

第二节 防守技术......................127

**第十章 棒球基础战术**

第一节 进攻战术......................138

第二节 防守战术......................140

**第十一章 棒球比赛规则**

第一节 程序..........................146

第二节 裁判..........................149

# 第一章 运动保护

"生命在于运动"，但是盲目、不科学的运动非但不能起到强身健体的作用，反而会给身体带来一定的伤害。只有掌握体育锻炼的一般性生理卫生知识，科学地进行体育锻炼，才能起到健身强体的作用。

## 第一节 生理卫生

青少年在进行体育运动时，除了应进行一般性的身体检查和必要的咨询外，还要注意培养运动兴趣和把握适当的运动强度。

### 一、培养运动兴趣

在进行体育运动前，必须培养自己对体育运动的兴趣。培养兴趣的方法有很多，如观看体育比赛，与同学、朋友进行体育比赛等。有了浓厚的兴趣，就能自觉地投入体育运动之中，从而达到理想的体育锻炼效果。

### 二、把握运动强度

因为青少年进行体育运动，主要是在享受体育运动的过程中增强体质，提高健康水平，而不仅是为了创造运动成绩，所以运动强度不宜过大。控制运动强度最简单的办法是测定运动时的脉搏。对青少年来说，运动时的脉搏控制在每分钟 140 次左右较为合适。

## 第二节 运动前准备

运动前进行充分的准备活动，对于青少年来说是非常重要的。一些青少年体育运动爱好者，常常不重视运动前的准备活动，导致各种运动损伤，影响运动效果，也容易失去对体育运动的兴趣，从而产生对体育运动的畏惧心理。因此，青少年在进行体育运动前，必须做好充分的准备活动。

### 一、准备活动的作用

运动前做好充分的准备活动能够对肌肉、内脏器官有很大的保护作用，同时还可以提前调节运动时的心理状态。

#### (一)提高肌肉温度，预防运动损伤

运动前进行一定强度的准备活动，不仅可以使肌肉的代谢过程加强，温度增高，黏滞性下降，提高肌肉的收缩和舒张速度，增强肌力，同时还可以增加肌肉、韧带的弹性和伸展性，减少由于肌肉剧烈收缩而造成的运动损伤。

#### (二)提高内脏器官的功能水平

内脏器官的功能特点之一就是生理惰性较大，即当活动开始、肌肉发挥最大功能水平时，内脏器官并不能立刻进入

最佳活动状态。

## (三)调节心理状态

青少年进行体育锻炼不仅是身体活动，同时也是心理活动。研究证明，心理活动在体育锻炼中起着非常重要的作用。体育锻炼前的准备活动，可以起到心理调节的作用，即接通各运动中枢间的神经联系，使大脑皮层处于最佳兴奋状态。

## 二、如何进行准备活动

一般来说，准备活动主要应考虑内容、时间和运动量等问题。

## (一)内容

准备活动可分为一般准备活动和专项准备活动。一般准备活动主要是一些全身性的身体练习，如跑步、踢腿、弯腰等。一般准备活动的作用在于提高整体的代谢水平和大脑皮层的兴奋状态，减少运动损伤的发生。专项准备活动是指与所从事的体育锻炼内容相适应的动作练习。

下面介绍一套一般准备活动操，供青少年运动前使用。这套活动操主要包括头部运动、肩部运动、扩胸运动、体侧运动、体转运动、髋部运动和踢腿运动等。

1.头部运动

头部运动的动作方法(见图 1-2-1)是：

两手叉腰，两脚左右开立，做头部向前、向后、向左、向右，以及绕环运动。

2.肩部运动

肩部运动的动作方法(见图 1-2-2)是：

手扶肩部，屈臂向前、向后绕环，以及直臂绕环。

3.扩胸运动

扩胸运动的动作方法(见图 1-2-3)是：

屈臂向后振动及直臂向后振动。

4.体侧运动

体侧运动的动作方法(见图 1-2-4)是：

两脚左右开立，一手叉腰，另一臂上举，并随上体侧屈而摆动。

5.体转运动

体转运动的动作方法(见图 1-2-5)是：

两脚左右开立，两臂体前屈，身体向左、向右有节奏地扭转。

6.髋部运动

髋部运动的动作方法(见图 1-2-6)是：

两脚左右开立，两手叉腰，髋关节放松，向左、向右各做 360°旋转。

7.踢腿运动

踢腿运动的动作方法(见图 1-2-7)是：

两臂上举后振，同时一腿向后半步，然后两臂下摆后振，同时向前上方踢腿。

图 1-2-1

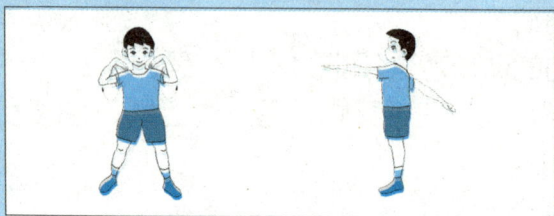

图 1-2-2

图 1-2-3

图 1—2—4

图 1—2—5

图 1—2—6

图 1-2-7

## (二)时间和运动量

准备活动的时间和运动量随体育锻炼的内容和量而定，由于以健身为目的的体育运动量较小，因此准备活动的量也相对较小，时间也不宜过长，否则，还未进行体育锻炼身体就疲劳了。半小时的体育锻炼，准备活动时间一般以 10 分钟左右为宜。

## 第三节 运动后放松

进行剧烈的体育运动后，有些青少年习惯坐在地上，或是直接躺下来休息，认为这样可以快速消除疲劳。其实不然，这样做的结果不仅不能尽快地恢复身体功能，反而会对身体产生不良影响，正确的做法应该是运动后做一些整理活动，放松身体。

# 一、运动后整理活动的必要性

运动后的整理活动不但可以避免头晕等症状，还可以有效地消除疲劳。

## (一)避免头晕

人体在停止运动后，如果停下来不动，或是坐下来休息，静脉血管失去了骨骼肌的节律性收缩，血液会由于受重力作用滞留在下肢静脉血管中，导致回心血量减少，心血输出量下降，造成暂时性脑缺血，出现头晕、眼前发黑等一系列症状，严重者甚至会出现休克。为了避免这些症状的发生，整理活动是非常必要的。

## (二)消除疲劳

除了避免头晕等症状的发生，运动后的整理活动还可以改善血液循环状态，达到快速消除疲劳的目的。

# 二、放松方法

在运动后放松时，应注意以下几个问题：

(1)做一些放松跑、放松走等形式的下肢运动，促进下肢静脉血的回流，防止体育锻炼后心血输出量的过度下降；

(2)在下肢活动后进行上肢整理活动，右臂活动后做左臂的整理活动，通过这种积极性休息，使身体功能得到尽快恢复；

（3）整理活动的量不要过大，否则整理活动又会引起新的疲劳；

（4）在进行整理活动时，应当保持心情舒畅、精神愉快的感觉。

## 第四节 恢复养护

人体在运动后，除采用休息和积极性体育手段加速身体功能的恢复外，还可以根据体育运动的特点，补充不同的营养物质，以尽快消除疲劳。

体育运动结束后，人体内会产生一种叫作乳酸的酸性物质，它的积累会造成肌体的疲劳，使恢复时间延长。所以，我们在体育运动后，应多补充一些碱性食物，如蔬菜、水果等，而动物性蛋白等肉类食品偏"酸"，在运动后的当天可适当减少摄入。

## 第二章 手球概述

　　手球运动是世界上比较流行的一个体育运动项目。在规则的允许下,进攻方可以使用各种各样的技术动作和战术方法,力求在对方球门区外将球掷入有守门员防守的球门中,每射一个球得 1 分。在规定的时间内, 双方为了获球射门得分,攻守交替地在场上展开激烈的争夺,最后根据双方进球的多少决定胜负。

## 第一节 起源与发展

手球运动的历史并不长,但发展很快。目前,手球的主要赛事有世界锦标赛和世界青年锦标赛、欧洲俱乐部冠军杯赛及各种地区性和传统性的国际比赛。手球运动在欧洲开展得非常普遍,水平较高,深为广大群众所喜爱。

### 一、起源

手球是一种起源自德国的球类运动。19 世纪末,捷克斯洛伐克、德国、丹麦等国出现了类似手球的游戏。1917 年,德国柏林体育教师海泽尔为女子设计了一种集体游戏,规定运动员只能用手传递或接抛球,双方身体不得接触。

1919 年,柏林另一位体育教师舍伦茨对海泽尔的游戏进行了改进,规定持球者传球前可跑 3 步,允许双方身体接触。

1920 年,手球竞赛规则制定。1925 年,德国与奥地利举行首次国际手球赛,此后手球逐渐在世界各国开展。

### 二、发展

1928 年,国际手球联合会成立。

1936 年,在德国柏林举行的第 11 届奥运会期间,有 23 个国家被接纳为国际业余手球协会会员(11 人制手球)。同年,手球被列为奥运会比赛项目。

1938 年,德国举行了第 1 届世界手球锦标赛,仍为 11 人制。

1966 年以后手球形成 7 人制。1972 年在慕尼黑举行的第 20 届奥运会上,男子 7 人制手球正式被列为奥运会竞赛项目。

女子手球比男子开展得晚一些。1957 年在前南斯拉夫首次举行了世界室内女子手球锦标赛。1976 年在加拿大蒙特利尔奥运会上,女子手球被列为正式比赛项目。

世界性的手球比赛,除世界手球锦标赛和奥运会以外,还有世界大学生比赛、世界中学生比赛、世界青年比赛和洲际比赛等。

## 第二节 特点与价值

手球运动是一项比赛激烈、对抗性强、速度快、运动量大,且对投掷力量有特殊要求的运动项目。

### 一、特点

#### (一)设备简单,动作易学

手球的设备相对比较简单,动作变化虽然灵活,但是简单易学。

#### (二)综合性强

手球运动是一项比赛激烈、对抗性强、速度快、运动量大的运动项目,它不仅包括田径中的跑、跳、掷等各项技术动作,同时还具有各种球类项目的技术特色,是一项技术全面的运动项目。

## (三)讲究整体配合

手球运动的速度快,若要打得流畅、犀利,除了要求很好的体力和个人技术外,全体队员之间的合作也非常重要。

# 二、价值

## (一)促进身心发育,提高身体素质

手球运动的对抗性与游戏性均适合青少年的生理、心理特点。经常参加手球运动,能够为学习其他项目打下良好的身体素质基础。所以,青少年从事手球运动是非常适宜的。

## (二)培养意志和品质

由于手球比赛对抗激烈,身体接触频繁,它要求运动员在错综复杂、变化多端的比赛中能够作出正确的判断,合理运用技术动作克服种种阻力和困难,与同伴协同配合完成战术任务。因此,手球运动能够培养人的勇敢顽强、机智灵活、吃苦耐劳、坚韧不拔等意志品质。

## (三)培养集体主义精神

手球比赛是集体的对抗,要想取得胜利,就要在比赛中团结协作,既要发挥个人的作用,更要充分发挥集体的力量,所以它是一项能够培养集体主义精神的良好运动项目。

## (四)改善心血管系统和呼吸系统的功能

经常参加手球运动,能使心血管系统的结构和机能得到改善,心肌变得发达有力,心脏工作效率提高,有利于身体的新陈代谢,提高整个身体机能水平。

## (五)促进交流,增加友谊

通过手球运动,参与者可以相互交流经验,切磋球技,达到相互学习、共同提高、建立良好的人际关系的目的。

# 第三章 手球场地、器材和装备

手球运动场面激烈，具有很强的观赏性和竞技性，对场地、器材和装备都有较高的要求。高质量的场地是手球运动开展的前提，而良好的器材和装备是运动参与者发挥较高水平的必要保证。

## 第一节 场地

场地是手球比赛条件中一个重要的组成部分。手球比赛的场地类似 5 人制足球比赛场地，场地的好坏会影响运动员技术水平的发挥。

### 一、规格

（1）场地呈长方形，边线长 40 米，端线长 20 米；

（2）场地由各种场地线划成，分为四米线、六米线、七米线、九米线、中线、替补线、底线和球门底线（见图 3-1-1）。

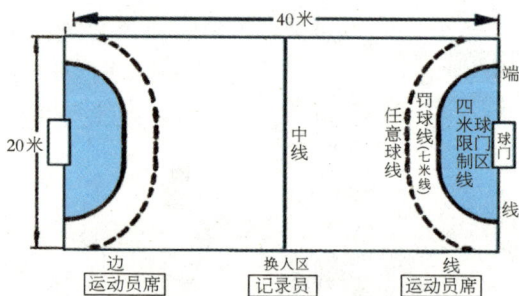

图 3-1-1

## (一)球门(见图 3-1-2)

(1)球门用木头、轻金属或综合材料制成,位于端线的中央;

(2)球门高 2 米,宽 3 米,门柱横断面为 8 厘米×8 厘米;

(3)球门要涂上与背景有明显区别的两种颜色的油漆。

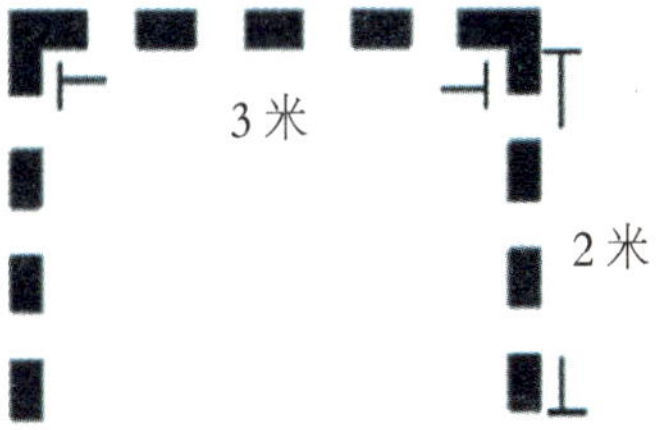

3 米

2 米

图 3-1-2

## (二)球网(见图 3-1-3)

手球比赛用的球网和足球比赛用的差不多。

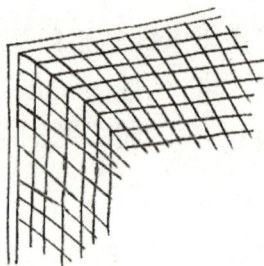

图 3-1-3

## 第二节 器材

从事手球运动的主要器材是手球，球的好坏及适应与否在一定程度上可以决定着比赛的胜负。

### 一、球的规格

（1）球应呈圆球形，且不能充气太足（见图 3-2-1）；

（2）男子用球周长应为 58～60 厘米，重 425～475 克；女子用球周长应为 54～56 厘米，重 325～400 克。

图 3-2-1

## 二、球的材质

（1）球必须以皮革或合成材料制成，皮革球应由 32 片皮子构成；

（2）球皮手感要柔软、平整，用高质量的整块皮缝合而成，抗拉、接缝平整无缺陷，不伤手、不磨损、不爆裂；

（3）球胆用橡胶材料，表面不应发亮、光滑。

## 第三节 装备

装备是进行运动项目的基本条件，好的装备能够使运动者更好地完成各种技术动作，并能有效地防止运动伤害的发生。

### 一、服装

手球运动的服装包括正规比赛服装和普通练习服装等。

#### （一）正规比赛服装

比赛服装一般包括短袖运动衫、短裤或短裙，具体要求如下：

（1）短袖运动衫、短裤或短裙可以是任何颜色，但其主要颜色应与比赛用球的颜色明显不同（袖子和领子除外）；

（2）同队队员必须穿统一的运动服，守门员的服装应与其他队员的服装有明显区别；

（3）运动服背上的号码长、宽尺寸应不小于 20 厘米，胸前号码长、宽尺寸不小于 10 厘米（见图 3-3-1）；

（4）运动服上的号码应为 1～20 号，按守门员 1 号，右后卫 2 号顺序排列，替补守门员号码应为 11 号，号码的颜色应与服装的颜色有明显的区别；

（5）在运动服前面或侧面的任何标记或装饰物，以及运动员佩戴在比赛服装上的任何物品，如珠宝装饰等，均不应过于显眼或反光，以免影响对方视线；

（6）服装上不得带有可能产生不悦或诋毁本项运动声誉的设计或字样；

（7）比赛的双方应穿着颜色明显不同的运动衫，以使观众能够容易地区分他们；

（8）当双方所穿服装颜色类似，且均不愿更换时，应由抽签决定某一方必须更换；

（9）半套或全套运动服，不得在比赛时穿着，得到裁判长的允许时除外。有关比赛服装的合法性及可接受性问题，应由裁判长决定。

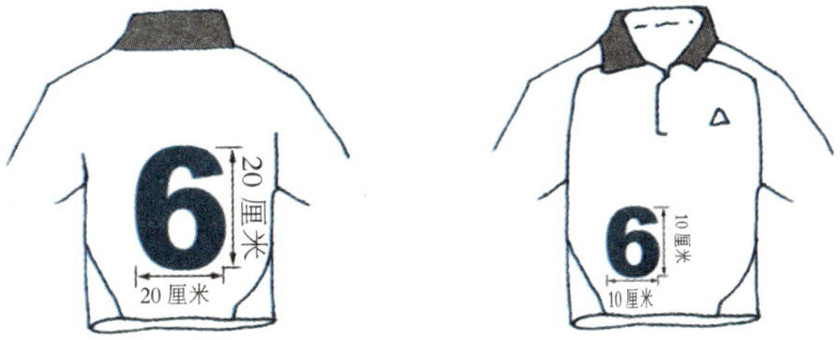

图 3—3—1

## （二）普通练习服装

（1）简单舒适即可，短袖运动衫或短裤质地要柔软，有弹性；

（2）短袖运动衫或短裤的颜色要与比赛的场地或比赛用球有明显区分；

（3）短袖运动衫或短裤尽量显得宽敞大方，不要紧身。

## 二、鞋

鞋一般以软胶底为佳，要容易蹬地和发力，且防滑。

# 第四章 手球基本技术

手球技术是指在手球比赛中,根据战术要求应完成的技术动作,它是手球运动的基础。手球技术是由进攻、防守和守门员技术三部分组成,具体包括站立与移动、持球与传接球、运球、掷界外球、守门员技术、射门、个人防守和假动作等。

## 第一节 站立与移动

站立与移动是手球运动的基本技能,站立是为了更好地起动,移动是为了更好地选择合适的位置进行进攻。

### 一、站立

手球比赛中,为了给突然起动、转身和改变身体重心做好准备,队员必须保持一个稳定而又机动的站立姿势,动作方法(见图4-1-1)是:

图 4-1-1

（1）两脚开立（一脚略前），与肩同宽，两膝略弯曲，重心放于前脚掌上；

（2）抬头，两臂屈肘置于体侧。

## 二、移动

移动是改变位置、方向和速度的方法，它与掌握和运用各种进攻和防守技术都有密切关系。移动技术的实质就是争取时间、空间和位置的主动，选择有利的进攻和防守位置。因此，移动技术是手球学习者必须掌握的，动作方法是：

（1）眼睛要时刻盯住自己的防守对象，用眼睛的余光看球的位置，进而选择移动方向；

（2）在进攻中不能只移动不看球，这样容易出现人跑到好位置，却没看到很好的传球位置；

（3）移动时重心要稳，不要左右摇晃。

## 第二节 持球与传接球

手球运动需要手的动作相当丰富，手球进攻中的每一次射门机会，都是靠队员之间积极配合，准确地传接球而取得的。只有具备熟练、准确的传接球技术才能组织灵活多变的战术配合，创造更多的射门机会。因此，传接球是组织全队进攻配合的纽带，是实现战术配合的具体手段，是提高战术质量的重要环节。

## 一、持球

持球即单手或双手拿球的方法,是传球、射门、运球、假动作等各种基本技术的基础。只有正确且熟练地掌握持球方法,才能做到传球准确、射门有力、动作迅速和衔接协调。持球方法包括单手持球、双手持球和贴胸持球等。

### (一)单手持球

单手持球常在传球和射门前使用,特点是比较灵活,便于进行下一动作,动作方法(见图 4-2-1)是:

(1)五指自然分开,依靠五指前手指的力量钳住球;

(2)整个手掌要紧贴球体,不要把拇指张得过大,否则易造成虎口紧张、手腕僵硬,影响手腕的灵活性。

图 4-2-1

## (二)双手持球

　　双手持球是初学者的主要持球方法,它比单手持球牢固,在持球突破时便于保护球,不易被防守者打落,动作方法(见图 4-2-2)是:

　　(1)两手五指自然分开,握球的两侧,两拇指在上呈"八"字形;

　　(2)两手掌触球,两肘关节略外张,双手持球于体前胸腹之间,为传球或射门做好准备。

图 4-2-2

## （三）贴胸持球

贴胸持球比较隐蔽，常在距离本方队员较近时使用，动作方法（见图 4-2-3）是：

右臂向胸前自然弯曲，五指张开接触球的前下方，掌心一般不接触球，将球贴近胸部。

图 4-2-3

## 二、传球

传球是指在手球比赛中，队员之间有目的地转移球。在一定的战术方法中，准确的传球可以迷惑对方，打乱对方防守安排,容易形成射门机会。只有掌握多种方式的传球技术,才能适应比赛中的各种战术需要,传球技术包括单手传球和双手传球等。

## (一)单手传球

单手传球包括单手肩上传球、单手体侧传球、单手勾手传球和单手背后传球等。

1.单手肩上传球

单手肩上传球常用于中远距离传球,特点是灵活、准确、便于控制,动作方法(见图4-2-4)是:

(1)开始时,两脚左右站立,距离约与肩宽,身体重心略放在右脚上,右手持球在肩上,左肩对着传球方向,右臂自然弯曲;

(2)传球时,身体向左扭转,左脚向传球方向迈出一步,重心跟着前移,利用上体前倾、挥臂、甩腕的力量将球传出,左臂顺势自然摆动。

2.单手体侧传球

单手体侧传球常在远距离传球和射门时使用,特点是传球力量大,球平行飞出,动作方法(见图4-2-5)是:

(1)开始时,两脚前后开立,距离与肩同宽,眼注视传球方向,两膝略屈,左肩对着传球方向,身体重心放在右脚上,右手用手指、手腕将球扣住,左臂自然屈于胸前;

(2)传球时,右臂伸直向后方摆动,接着左脚向传球方向迈出半步,上体迅速向前扭转带动手臂向前摆(右臂在体侧摆动,几乎与地面平行),当右臂摆到右前方时将球传出。

3.单手勾手传球

单手勾手传球常在把球从对方头上传出时使用,特点是出手高,不易被拦截,动作方法(见图4-2-6)是:

(1)开始时,左肩对准传球方向,以左脚前掌触地;

(2)传球时,右脚在传球的同时自然提起,右手持球上摆,当球摆到头顶时,肘关节顺势弯曲,同时屈腕把球传出。

4.单手背后传球

单手背后传球是一种隐蔽的传球方法,如果传球准确有力,对进攻有很大帮助,动作方法(见图4-2-7)是:

(1)开始时,两脚自然开立(右脚在前),膝略屈,上体前倾,两手持球在腹前;

(2)传球时,两臂向右方摆动,当摆到右腿侧方,左手随即离球,右手继续向背后、向左挥摆,将球传出;

(3)出球时,手腕与手指应上摆,臀部向右方略转,传球的方向与高度,决定于球出手的早晚和手臂摆动的弧度。

图 4-2-4

图 4-2-5

图 4-2-6

图 4—2—7

## (二)双手传球

双手传球包括双手胸前传球和双手低手传球等。

1.双手胸前传球

双手胸前传球常在近距离传球时使用，特点是对球的控制较强，传球稳定，动作方法(见图4—2—8)是：

（1）开始时，双手持球于胸前，两脚前后自然开立，膝略屈，上体略前倾，身体重心放在两脚上；

（2）传球时，身体重心前移，两臂迅速伸直，同时手腕向上翻动，手指用力拨球；

（3）为了增大出球力量，传球时任何一脚可向前迈出一步。

2.双手低手传球

双手低手传球常在换位、策应或掩护配合时使用，特点是传球安全，动作方法（见图4-2-9）是：

（1）膝略屈，上体正直，两手五指自然分开，两拇指向上握住球的两侧下方，持球于腹前；

（2）传球时，将手腕上翻，小指、无名指上挑，轻轻将球传出。

图4-2-8

图 4—2—9

### 三、接球

接球是完成各种持球进攻动作的基础。手球比赛中的接球大多是在跑动中进行的。在一些情况下,队员不仅要把球接稳,还要能迅速衔接进行下一个动作,如再传球或射门等。因此,手球比赛对接球技术要求很高。接球包括双手胸前接球、双手接地滚球、双手接高空球、双手接低球、单手接体侧球、单手接高空球和双手接反弹球等。

## （一）双手胸前接球

双手胸前接球的动作方法（见图 4-2-10）是：

（1）接球前，面向来球，两脚前后站立，两膝略屈，身体重心落在两脚上，上体略向前倾；

（2）接球时，两臂向来球伸出，两手手指自然张开，呈碗形（略比球体大），在球与手接触的瞬间，两臂随着来球后引，两肘自然下垂往胸前靠近，将球接住。

图 4-2-10

## （二）双手接地滚球

双手接地滚球的动作方法（见图 4-2-11）是：

（1）接球前，身体正对来球，两脚前后站立，屈膝下蹲，后脚深蹲，上体前倾，手臂自然伸直下垂于两腿中间，手指自然张开；

（2）接球时，从球的下部上抄，将球抱于胸前。

图 4-2-11

## (三)双手接高空球

双手接高空球的动作方法(见图 4-2-12)是:

(1)接球前,面对来球,两膝略屈,上体略前倾,两臂自然伸直后引,准备起跳;

(2)接球时,两臂迅速前摆,两脚用力蹬地往上跳起,到达最高点时在头的前上方将球接住;

(3)接住球后,以前脚掌先着地,随之屈膝下蹲。

图 4-2-12

## (四)双手接低球

双手接低球的动作方法(见图 4-2-13)是：

(1)接球前,两脚前后(或左右)开立,身体弯曲下蹲,上体前倾,重心放在前脚,两臂自然下垂略向前伸,掌心斜对,手指张开呈碗形；

(2)接球时,两手伸出迎球,手指接触球体时,两臂迅速顺势后引,缓和球的速度。

图 4-2-13

## （五）单手接体侧球

单手接体侧球的动作方法（见图4-2-14）是：

（1）接球前，两脚左右开立（略分前后），膝略屈，上体略向来球方向倾斜，重心放在接球手同侧的脚上，手臂略屈向前侧方伸出，手指自然张开；

（2）接球时，手臂随球后引，同时重心立即移到两脚上，手臂由后划弧向体侧将球勾回，并用左手将球扶住。

图4-2-14

## (六)单手接高空球

单手接高空球的动作方法(见图 4-2-15)是:

(1)接球前,两脚左右开立,距离略小于肩宽,腰略弯曲,两臂下垂做好准备起跳的姿势;

(2)接球时,两臂迅速上摆,同时两脚用力蹬地向上跳起,当身体跳至最高点时,右臂上伸,手指自然张开,手掌略屈呈碗形,另一手自然地屈于胸前,当球接触手指时,立即屈腕收臂,同时另一手迅速将球托住;

(3)落地时,膝略屈,持球置于胸前,并用上体掩护。

图 4-2-15

## (七)双手接反弹球

双手接反弹球包括高手接球和低手接球等。

1.高手接球

高手接球的动作方法(见图4-2-16)是：

(1)接球时,两脚前后开立,上体前倾,后腿略屈下蹲,两臂向球的落点伸出,两手手指自然张开,拇指相对,形成比球略大的半圆形；

(2)当手接触球后,两臂弯曲,身体起立,将球置于胸前。

2.低手接球

低手接球的动作方法(见图4-2-17)是：

(1)接球前,身体姿势与接低球相似；

(2)在球从地面反压的同时,两臂向球落点伸出,掌心略向下接住球。

图 4-2-16

图 4-2-17

## 第三节 运球

在手球比赛中，要根据不同的情况使用不同的运球方式，目的是引诱对方向自己靠近，为传球打开道路，或使同伴摆脱对方的防守。运球包括拍运球和抛运球等。

## 一、拍运球

拍运球常在运球中使用,动作方法(见图 4-3-1)是:

(1)手持球,将球向前下方拍出;

(2)等球弹至与腹部齐高时,用两手接住,并向前方跑 3 步(不能超过 3 步),然后继续拍运。

图 4-3-1

## 二、抛运球

抛运球常在前方没有人防守时使用，以便争取进攻时间，动作方法（见图 4-3-2）是：

（1）抛运时，将球向前上方抛出；

（2）当球落地弹起时把球接住，以后可以继续这样做。

图 4-3-2

## 第四节 掷界外球

掷界外球时,两脚前后或左右开立,保持两脚着地,两脚的位置和方向由掷球的方向决定,动作方法(见图4-4-1)是:

(1)开始时,两脚着地,两手手指张开握住球的后半部,两臂弯曲持球过头顶;

(2)掷界外球时,两脚用力蹬地,同时两臂向前挥摆,加上腰部和上体前屈的力量将球掷出。

图4-4-1

## 第五节 守门员技术

手球的守门员技术,很多地方和足球守门员技术相似,包括接地滚球、接胸腹同高球、接头部以上高球、侧面倒地接球和鱼跃扑球等。

### 一、接地滚球 ◁◁◁◁◁◁

接地滚球的动作方法(见图4-5-1)是:

(1)开始时,两脚并立,上体前屈,两臂自然向下伸出,掌心向前,手指略张开;

(2)接球时,如来球的方向偏左或偏右,就应先向左或右跨出一步,使身体对着来球后,再用上面的准备姿势去接球。

图 4-5-1

## 二、接胸腹同高球

接胸腹同高球的动作方法(见图 4-5-2)是:

(1)开始时,两手向前伸出迎球,两手由下向上抄;

(2)接到球时,两手顺势后引,将球抱到胸前,并用胸部将球压住,来球如偏左或偏右,应事先很快向左侧或右侧跨出。

图 4-5-2

## 三、接头部以上高球

接头部以上高球的动作方法(见图 4-5-3)是:

（1）接球时，两臂上举，手指自然张开，手触球后顺势将球抱至腹前；

（2）如果来球力量较大而不易接住，可以让球在接触手掌后顺势落地，或有意地把球拍在球门区内，或是用单拳、双拳击球，使球飞出球门区。

图 4－5－3

## 四、侧面倒地接球 🌀🌀🌀🌀🌀🌀

侧面倒地接球的动作方法（见图 4－5－4）是：

（1）扑球时，用与来球方向同侧的脚猛力蹬地或预先跨步后再蹬地，如向右侧扑，即用右脚先向右跨一步，接着右脚再向右跨一步，落地时用力蹬地；

（2）扑出去后，应使小腿侧面、大腿、体侧、手臂依次着地，以免受伤。

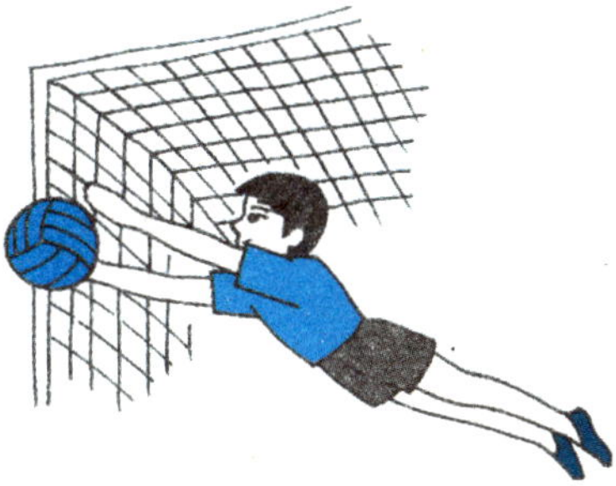

图 4—5—4

## 五、鱼跃扑球

鱼跃扑球的动作方法（见图 4—5—5）是：

（1）扑球时，用与来球方向同侧的脚猛力蹬地，如向右侧扑，即用右脚先向右跨一步，接着右脚再向右跨一步，落地时用力蹬地；

（2）扑出去后，应使小腿侧面、大腿、体侧、手臂依次着地，以免受伤。

图 4-5-5

## 第六节　射门

射门是得分的最后环节，每个队员都必须掌握好这项技术。根据射门时的移动情况,射门可分为原地射门和跑动中射门两种,在动作上又分为正面肩上射门、体侧和转身射门,以及背后、低手等射门方式。比赛中常用的射门方式是用单手肩上射门和体侧射门(见图 4-6-1),必要时也可适当地运用单手低手射门和背后射门。

体侧射门

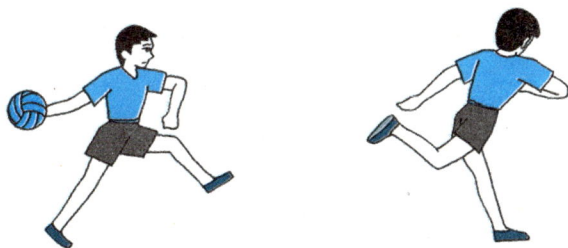

单手肩上射门

图 4-6-1

　　射门的动作要领和传球的动作要领基本相同，只是射出的球要有力，速度要快，并且应向球门上面两角或使用反弹球射门，使守门员不易接住或很难判断。在跑动中射门时，应用左脚起跳，腾空后要观察守门员的弱点或运用假动作骗过守门员射门得分。进行射门时，一般是在球门和端线的 15°角以外（见图 4-6-2），这样，射门的角度和面积大，守门员不容易防守。

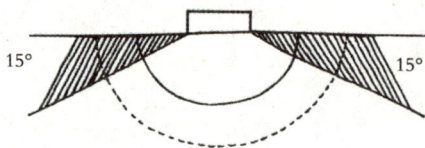

图 4-6-2

## 第七节　个人防守

　　手球比赛是一个要求整体行动的运动项目，每一位队员防守的好坏，都决定着集体防守的成败，也决定着整场比赛的结果。因此，每个队员除练习个人进攻技术外，还必须熟练地掌握个人防守技术，包括防守基本技术和防守方法等。

## 一、防守基本技术

防守基本技术包括防守姿势、防守位置和防守原则等。

### (一)防守姿势

防守姿势的动作方法（见图 4-7-1）是：

两脚左右分开，一脚略前，两膝略屈，身体重心落在两脚上，上体略前倾，两臂张开。

图 4-7-1

## (二)防守位置

确定防守位置的方法(见图4-7-2)是:

(1)站在对方和本队球门之间,距离对方2～2.5米;

(2)如离球门较近,特别在任意球弧内,则应两臂张开紧贴对方,更重要的是防止对方进行有力地射门。

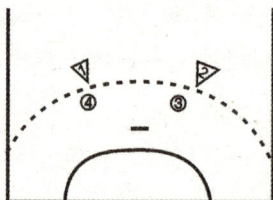

"△"为进攻方　"○"为防守方

图4-7-2

## (三)防守原则

防守时必须遵循积极、主动和快速的原则。积极防守不但能够稳固后防,而且能够争取到快速反攻的机会。

## 二、防守方法

在防守传球者、运球者、射门者和无球者等不同的对象时,应采用不同的防守方法。

### (一)防守传球者

防守传球者的动作方法(见图4-7-3)是:

(1)要尽力使对方传不出球,或迫使对方传不准球、传不好球;

(2)应张开两臂,在可能传出的方向做不断地晃动;

(3)如对方已将球传出,也仍然要跟随对方进行贴身防守,切勿因球的转移而转移防守对象,使对方切进造成射门机会。

图4-7-3

## (二)防守运球者

防守运球者的动作方法(见图 4-7-4)是:

(1)迅速退到对方与本方防守的球门之间,阻止对方继续向前运球、传球或射门,切勿盲目扑球,以免被对方切入;

(2)如对方已绕过自己切入,应做前转身跟进,保持在对方与球门之间,防止对方进攻。

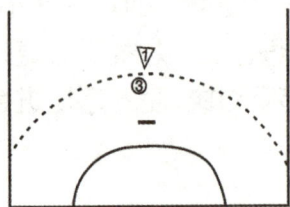

"△"为进攻方    "○"为防守方

图 4-7-4

## (三)防守射门者

防守射门者的动作方法(见图 4-7-5)是:

（1）必须紧迫对方，要特别注意持球手的动作；

（2）主动去抢球，但不要盲目扑球，以免造成在球门区内犯规，被罚直接任意球。

图 4-7-5

## （四）防守无球者

防守无球者的动作方法（见图 4-7-6）是：

（1）随着防守对象迅速移动，注意力主要集中在防守对象身上，其次才注意球，否则容易被对方绕过或骗过，顺利达到进攻的目的；

（2）当对方得球后，防守人必须注意防守对象的切入和射门；

（3）如果对方采取掩护,则应迅速和同伴交换防守对象或采用区域防守,破坏对方球员的进攻。

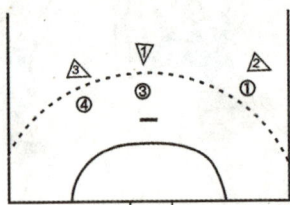

"△"为进攻方　　"○"为防守方

图 4-7-6

## 第八节　假动作

比赛中防守方防守严密时,进攻方为了迷惑对方,可运用假动作,使其不能掌握进攻者的动作意图和进攻路线。假动作包括持球假动作和徒手假动作等。

## 一、持球假动作

假动作的变化很多,根据场上具体情况可采用不同的假动作。比如进攻者先用向左传球动作,这时防守者一般会去扑球,而失去重心,进攻者应立刻改为从右边切入,或将球传给右方位置较好的同伴(见图 4-8-1)。但要注意的是,如果对方已经识破是假动作而不移动,那么这时就应把假动作变成真动作,从而达到突破防守、形成进攻的目的。

图 4-8-1

## 二、徒手假动作

运用假动作主要是为了摆脱对方的防守,顺利地达到进攻的目的,因此可以运用慢跑、突跑、加速跑、变速跑、变向跑、快跑急停等方法,借以摆脱对方的防守。

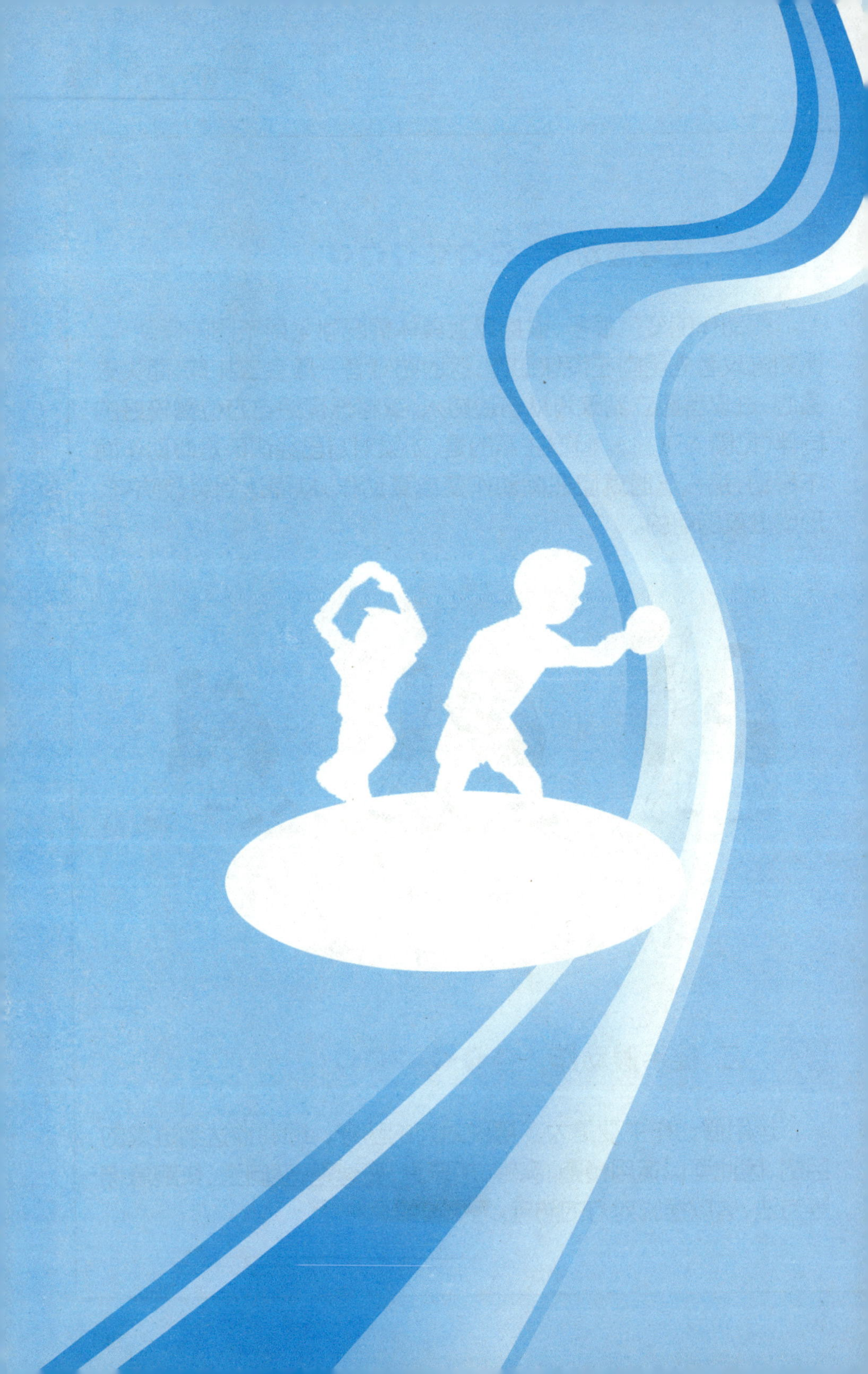

# 第五章 手球基础战术

手球运动是一种对抗性激烈的竞赛活动,为了在比赛中获得良好的成绩,队员必须合理运用个人与集体的战术配合。战术的选择和执行,应从自己和对方的具体情况出发,并能根据比赛中的复杂变化而采取相应的变化。在比赛中运用各种战术时,每个队员都应该知道各种战术的内容和目的,也应该知道战术运用的条件和方法。

## 第一节 11 人制手球比赛

11 人制手球比赛的战术是以后卫、前卫、前锋各条阵线上队员的协同合作为基础的。前锋队员的任务是向对方球门进攻,争取得分;后卫和守门员的任务主要是防守自己的球门,尽量避免被对方攻破;前卫基本上是负责后卫与前锋之间的相互联系,是连接球队前后的纽带。

一个球队在比赛中的基本战术任务是:在进攻时,前卫、后卫也要支持前锋;在防守时,前锋也要参加防守。进攻过程中,为了避免后卫与前卫在联系上的脱节,有一个后卫可以适当地略向前一些,有时前卫要跟在本队前锋的后面,有时可以在前锋线上利用交叉换位的配合来进攻。在对方得球后,前卫应迅速回到自己的位置上去参与防守。如果进攻队的前卫向前突破较远,那么防守队的内锋应当向后卫位置上移动,来防守进攻队的前卫,同时内锋还要做好断球后的个人反攻的准备。

11 人制手球比赛中,战术配合丰富多彩,为了确保战术的正确运用,每个队员都要明确自己的行动和位置职责(见图 5-1-1)。

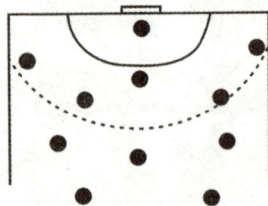

图 5-1-1

# 一、边锋

边锋就像足球比赛中的前锋,时刻威胁着对方球队的球门。边锋在比赛中与本队的内锋和前卫联系较多, 他的基本任务是尽快地沿着边线向对方球门推进,在移动中与中锋、内锋互相传球或自己进行射门。所以,边锋应当具有较快的速度,并能运用复杂的换位配合,还能在各个不同的位置上进行准确有效的射门。

# 二、内锋

内锋的变化很多,任务较重,作用很大。当中锋在前面活动时,内锋要退后一些,这样可以更好地配合本队的整体进攻。如果中锋在后,那么内锋就要在对方半场活动。内锋得球后,应立即射门或将球传给位于最有利于射门的同伴手中, 从而达到有效进攻的目的。

内锋的活动范围相当广泛,他要和中锋、边锋相互联系。在中间发动进攻时,他要略靠近边锋,并力图创造巧妙的传球,使本队有突破的可能。当对方截球成功时,内锋要迅速退后来防守对方的前卫。

# 三、中锋

中锋是距对方球门最近的一个进攻者, 所以对中锋的要求比较高,一般选手很难胜任。中锋需要掌握各种射门的技术和各种假动作,并能在进攻时具有组织各种战术配合的能力。因此,中锋应当是全队中技术最好、最具攻击力的一个球员。

中锋在比赛中由于战术上的关系，他的位置移位不应太向前推进，而应略靠后一些，这样可以增大活动范围。另外，中锋要善于发现对方后卫和守门员的弱点，并利用这些弱点来组织本队队员进行攻击。失球时，他又要马上组织本队队员迅速抢截，以便在最短时间内重新掌握球权。

## 四、前卫

前卫的任务有两个：一是看住对方的内锋，二是进攻时要支援本队的前锋。前卫需要有一定的速度和很好的耐力、力量。如果对方的内锋突破了后卫，他就应当迅速地向后退，补上本队后卫的位置，看住对方的边锋。在全队采用区域防守时，前卫要和后卫一起，站在球门区附近来防守球门。进攻时前卫常常跑到前锋线上去支援进攻，在对方队员掷球门球或掷角球时，前卫应当紧紧地看住对方的内锋。

## 五、后卫

后卫线由 3 个队员组成，主要任务是防守己方球门。与守门员不同的是，后卫不能进入到本队球门区内进行防守。后卫应当很好地掌握截球和抢球技术，同时还要具有很快的速度和耐久力，并能准确地掌握远距离传球技术。

在场上活动时，3 个后卫要经常注意彼此之间的配合。进攻时，左、右后卫可略向前一些，中卫略后撤一些，以防备对方队员的断球突然反攻。防守时，左、右后卫要看住对方的两个边锋，中卫要看住对方的中锋。另外，比赛时后卫和前卫的配合也很重要，如果对方球员内锋突破了一个前卫,这时后卫应当补上去看住他,前卫应迅速地站在后卫的位置上,后卫在截获对方的球以后,一般是将球传给前卫。后卫在防守球门时,应当特别记住一项规则,就是不许把球传给球门区内的守门员。

## 六、守门员

守门员对实现本队进攻战术的配合关系并不很大,但是他对于决定一个队的胜负起着相当大的作用。守门员的职责是在球门区内直接防守己方的球门。守门员最好身材高大,要有速度、反应快、弹跳力强、机智灵活,能很好地控制球,善于准确地估计和判断来球。

守门员的主要任务是守住球门,因此他在球门区内要接住对方球员射来的球,或接住本队队员挡落在球门区内的球,然后再将球传出。传球时,可以将球运到球门区界线附近,再向场内传出,这样可以将球传得更远一些。

守门员在指挥卫线防守方面起着很大的作用,因为他从后面可以清楚地看到后卫线上各个队员的缺点,随时指出、纠正缺点,尤其是在球门区附近罚任意球时,守门员要指示本队队员的防守站位。

## 第二节 7人制队员职责

7人制的手球比赛和11人制的比赛一样也要有合理的分配位置,只不过人数比11人制的要少,每个人的站位和活动的空间要比 11 人制的大, 7 人制手球比赛中, 每个队员都要明确自己的行动和位置职责(见图 5-2-1)。

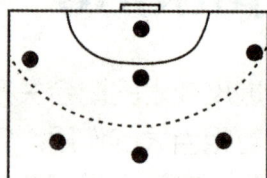

图 5-2-1

## 一、守门员

在 7 人制手球比赛中, 球门有 3.60 米宽、2.10 米高, 要封守住这个球门是相当困难的, 因为射门的距离离球门只有 5~6 米, 如跳起射门, 距球门的距离更近。

守门员应当在比赛中将注意力完全集中在球上, 并根据对方射门的位置来确定来球的方向。守门员不要擅自冲出球门区去抢球, 除非在确有把握拿到球的情况下, 才可以冲出去抢球。守门员不但要注意近距离的射门, 同时也应对远距离的射门提高警惕, 以免遭到突然袭击。防守中守门员得球后, 应当第一时间就将球传出。

## 二、前卫与后卫 ✿✿✿✿✿✿

前卫和后卫的任务与守门员的主要任务一样，都是要防守己方的球门，只是防守的位置不同。

前卫和后卫的另一任务，就是要看住对方的前锋，并要紧紧地盯住他们，直到抢到球为止。后卫队员站在球门与对方之间，除了应当在自己防区内做移动外，还要经常注意球的方向和监视对方前锋的行动。前卫和后卫不应靠近对方持球队员，因为离得太近会给对方带来突然冲向球门的机会，但是防守队员的双手不要挡住守门员的视线，否则会影响守门员进行正常的接球。

防守时，如果对方队员超过了一个后卫并运球前进，这时距他较近的另一个后卫或前卫应当立即补上，防守这个进攻者。被对方超过的后卫应立即负责去防守同伴所放弃的另一个进攻者。这种相互转换防守，在前卫与后卫之间时常会发生。

当对方有两个前锋进攻一个后卫时，该后卫应当位于两个前锋之间，并要果断地阻止持球队员的射门动作。

## 三、前锋 ✿✿✿✿✿✿

前锋的基本任务是射门。前锋运球进攻时，要随时做好摆脱对方防守的准备。为了在对方球门区前获得射门机会，前锋应当具有较快的速度，并能熟练地掌握各种急停、改变方向和假动作等技巧。

3个前锋在进攻中要互相协助，通过迅速的转移、传递和突破来使一个前锋获得射门的机会。3个前锋可以利用交叉换位和掩护等方法进行配合，并采取有效的进攻方式。

无论是进攻还是防守，前锋都要与前卫相互联系。因为进攻时，前卫要负责支援前锋的各种战术配合；防守时，前锋要帮助前卫积极地看住对方前卫或进行抢球。

## 第三节 进攻战术

当球权在本队队员手中时，其他队员都应当尽快摆脱对方的防守，到达自己能够自由行动的位置。进攻队员如果能够很快地获得有利的位置，就能使对方失去防守的能力。选择空位不仅是为了接球，同时，也是一种战术配合。因为这样的移动可以把对方队员吸引到自己所跑动的位置上去，为本队其他队员创造有利于自由活动的空间。进攻时，任何一个接球队员都要事先考虑好接球后的连续动作，如传球、运球或射门等，并迅速做出自己想要做的动作。

进攻的最终目的是射门。射门最好是在移动中进行，并且要尽量缩短射门动作的时间，否则对方队员就有时间进行防守。射门时最好朝向球门的大角度，因为这样可以造成守门员的防守困难，容易将球射进门去，最后得分。

为了向对方球门推进，前锋和前卫可以利用运球或传球技术来进行。运球应当在前方没有防守队员阻挡的情况下使用，并且运球动作要迅速，同时还要能够看到场上的情况，以及本队队员所处的位置。运球可以作为引诱对方队员的手段之一，在某些情况下它可以达到战术目的。进攻时运球比传球要慢得多，使用不当会影响进攻速度，造成本队在时间上的损失，延误战机。

如本队处于防守状态，对方射门球被守门员接住，或本队后卫积极抢球截获了来球，这时应当迅速地由防守转入进攻，在本方端区参加防守的前锋和前卫要迅速地向对方球门推进。推进时，全队队员要掌握这样一个原则，就是使球尽快地通过中区到达对方端区，因为球一进入对方端区，对方队员多数会回到球门线附近防守，中途被对方抢截的可能性就比在中区小得多。如果对方还没来得及退防，那么本队队员就要继续使用快攻打法，突破对方防线，进行射门。

## 第四节 防守战术

防守战术就是在本方球门区线前半场，全队 7 人联成一个整体，组成灵活多变的防御体系。防守时，本队队员互相呼应，密切协同，固守住球门区前对方进攻的主要地段，恰似筑起一面人墙，能充分发挥集体防守力量。防守战术包括防守行动、防守任务和集体防守等。

### 一、防守行动

手球比赛与其他球类比赛一样，都是进攻与防守的相互较量。防守时，能否顺利地看住对方队员，取决于选择防守位置。防守队员在选择位置时，一般是应当站在球门和对方之间。

### 二、防守任务

防守时队员要完成两个任务：一个是在对方队员运球、接球或互相传球时进行抢截，另一个是不使对方队员接近球门区。为了抢截,防守队员应当注意观察对方队员的行动,选择有利的位置。在选择位置时,要考虑球的运行速度和弧度,从而判断出能否冲上去截球。为了不使对方队员接近球门区,防守队员应将两臂向两侧展开,站在对方队员前进的路线上,阻挡其前进。如果对方队员向左右做绕过动作,防守队员应迅速向左右移动,逼迫对方,使其停止前进。当对方队员被迫停止前进时,防守队员可及时上前抱球或打球,尽可能地破坏对方手中的球。为了防止对方射门,防守队员要距离他近些,并举起两手在他面前摆动,借以扰乱他的射门目标。当对方跳起射门时,防守队员也应跳起,用两手在空中进行阻拦,但不要跳得太早,以免被假动作晃过。

## 三、集体防守

集体防守包括人盯人防守和区域防守等。

### (一)人盯人防守

在7人制手球比赛中,有时采用人盯人防守战术来阻止对方的进攻。这种防守方法要求一个队员看住对方的一个队员。一般情况是两个后卫看守对方的两个前锋,前卫看守对方的中锋,3个前锋则应看守对方的前卫和后卫。在11人制手球比赛中,由于场地大,奔跑速度快,很少采用人盯人的防守方法。但目前由于规则的改变,将球场划分为3个区域,并规定在端区内无论是防守队或进攻队都不能超过6个队员,由于在人数上的限制,在采用战术方法上将有所变化,因此,运用人盯人防守战术来进行防守还会有一定的作用。

采用人盯人防守时，不但要看守住自己的对象，而且要经常注意球的方向。防守时应当站在球门与对方所要移动的路线之间，并保持一定的距离（见图5-4-1）。

"△"为进攻方    "○"为防守方

图 5-4-1

## （二）区域防守（见图5-4-2）

区域防守战术在手球比赛中经常被采用。区域防守可以节省体力，大家可以互相补位。本队失球后，队员可以迅速地回到自己的球门区前。每个队员在球门区附近按照固定的位置来负责防守，还可以根据对方进攻时球所传递的方向而适当地移动。区域防守的位置布置要根据对方进攻力量方式等特点来决定，可以组成一道防线，也可以组成二道防线。在区域防守时总的要求是移动要迅速，同时还要伸开两臂并不断地挥摆，借以阻挠对方进行传球、运球和射门等动作。

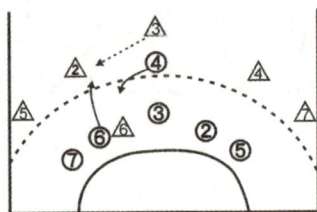

"△"为进攻方　　"○"为防守方

图5－4－2

# 第六章 手球比赛规则

手球比赛若要按计划有秩序地顺利进行，需要将整个比赛科学、合理地组织好，安排好。理解并掌握本章内容会使手球运动的参赛者，在赛前能够从战略上做出某些准备。如果青少年朋友想成为一名出色的手球比赛的组织者，就更应该掌握本章内容了。

## 第一节 程序

手球比赛需要按照一定的程序来进行，以保证比赛的公平和公正。

### 一、比赛时间

男子和女子手球比赛的时间，均为两个 30 分钟，中间休息 10 分钟，下半时比赛双方交换场地。

### 二、比赛方法

#### （一）开球

比赛开始，从中线的中央开球，允许向任何方向掷球。球离手前双方队员必须站在本方场区，对方队员必须离开掷球队员至少 3 米远。

#### （二）任意球

凡属队员犯规、违例（持球 3 秒，持球超过 3 步者）都要判罚任意球，由对方在犯规或违例地点进行掷球。如果防守队在本区球门前犯规时，进攻队应退到任意球线外掷球。掷任意球时，对方必须离掷球队员 3 米远，不需经裁判员鸣哨即可掷球。掷球时有一只脚不准离开地面,另一只脚允许抬起或放下,可以直接射门。

## (三)7 米球

进攻队员射门时,如防守队员有严重或故意犯规行为(如拉、打、推、抱等),使进攻队员不能完成正常的射门动作而明显影响射门得分,或故意将球传给本方守门员,或守门员持球进入球门区,或防守队员进入球门区防守对方射门,都要判罚 7 米球。

罚 7 米球时,主罚队员站在 7 米线前,双方其他队员都要退出任意球线外。在裁判员鸣笛之后 3 秒内主罚队员掷球,掷球时必须有一只脚着地,允许另一只脚抬起或放下,但不允许踏、越罚球线。球出手前,守门员允许移动或迎上防守,但不准超过 4 米限制线,否则罚中有效,不中重罚。

## (四)球门区

球门区是守门员的活动范围,攻守双方的其他队员都不能触及该区(包括球门区线在内),但双方都可以接触球门区上空的球。

进攻队员射门时,脚踏线或进入该区内,就要判为禁区违例,由对方掷任意球。

如果防守队员进入此区内防守对方射门,就要判为越区防守,越区防守要被判罚 7 米球。

## 第二节 裁判

对比赛而言,裁判员合理的裁判工作是比赛顺利进行的保证;

对运动员个人而言,了解和掌握裁判规则能够使自己充分发挥技、战术水平。

## 一、裁判员

### (一)人数

手球比赛的裁判员需要 6 人。

### (二)组成

手球比赛的裁判包括 1 名裁判长、2 名临场裁判员、1 名记录员、1 名计时员和 1 名广播员。

### (三)位置

两名裁判员每隔 5 分钟左右,交换一次位置,交换位置的时机通常是在得分或罚 7 米球时。

### (四)职责

手球裁判员是手球比赛的组织者、主持者,他们的工作对比赛能否顺利进行起着关键性的作用。因此,裁判员必须认真钻研手球比赛规则和裁判法,了解它们的精神实质,才能正确地执行各项规定,准确地掌握裁判尺度。在执行裁判任务时,裁判员要沉着冷静,谦虚谨慎,严肃认真,鸣哨要清脆而有节奏,手势清楚大方。

1.裁判员之间的配合

在比赛过程中,任何一名裁判员都无权改变另一名裁判员的裁决。如果出现判罚不一致的现象,则按如下原则处理:

(1)两名裁判员同时鸣哨,应按照场上裁判员判罚;

(2)两名裁判员鸣哨有先后,应由先鸣哨的裁判员判罚;

(3)两名裁判员同时判罚一个队,而判罚轻重不同时,应按重的判罚;

(4)两名裁判员同时判罚,但判的结果不同时,应按场上裁判员的判罚。

2.裁判员与记录员的配合

裁判员在判罚警告,罚队员出场时,应一手显示黄牌或明显清楚的离场手势,另一手指向受罚队员。记录员应根据裁判员的显示,记录受罚队员的号码和受罚时间,同时裁判员也应迅速记录受罚队员的号码;如该队员第二次被警告,则不论两次警告的性质是否相同,记录员均应立即通知裁判员,裁判员也可对照自己的记录,将该队员罚出场。

当球进入球门时,如无违例(犯规),场上裁判员应迅速高举手臂表示无违例(犯规)。在球门裁判员发出进球信号的哨声时,记录员应迅速将该队得分队员的号码登记在比赛记录表上,两个裁判员也应迅速记录下得分队员的号码。

换人违例应通知裁判员,裁判员根据规则精神进行处理。

3.裁判员鸣笛的分工

（1）以下情况场上裁判员应鸣笛：

①比赛开始；

②违例或犯规；

③球从他的一侧边线越出界外；

④执行开球，判罚 7 米球；

⑤在暂停之后的各种掷球；

⑥判罚警告及被罚队员离场后，对方掷任意球时；

⑦掷球不符合规则要求，纠正之后重新掷球。

（2）以下情况球门裁判员应鸣哨：

①任何队员进入球门区；

②射门得分；

③球从他的一侧边线越出界外；

④违例或犯规。

## 二、评分／记分

　　裁判员在记录得分、警告和罚队员出场时，动作要迅速。通常场上裁判员应先鸣哨，恢复比赛后再进行登记。

　　球门裁判员则应在判罚时即进行记录，避免因裁判员做记录而影响比赛快速进行。

## 三、犯规

### （一）判断持球撞人

　　持球队员正向空隙突破或切入时，由于防守迅速移动及时补位占据了合理的防守位置，而后发生相撞，应判持球撞入。

## （二）判断防守犯规

持球队员跳起射门，防守队员不是为了封球，而是迎顶已占据空间位置的持球队员，而后发生相撞，应判防守犯规。

## 四、违例

守门员持球不许出球门区；持球出球门区，应由对方掷任意球，不持球时可以出区；在比赛场区内参加比赛，要同其他队员一样遵守对一般队员的规定。守门员在球门区内可用身体任何部位挡球，但不能挡或踢从球门弹回的球（包括守门员挡住在球门区内的球）。

## 五、罚则

## （一）技术处罚

对一般犯规和违例大都判罚任意球，对严重犯规和故意犯规，可视情节判罚 7 米球、给予纪律处分（即警告），或罚出场 2 分钟，直到取消比赛资格或开除。

裁判员出示黄牌，就是对某个队员的警告信号，规则只允许给队员一次警告，如重犯就要罚出场 2 分钟；全队累计 3 次警告后，再受警告的队员就要被判罚出场 2 分钟，被罚队员在受罚期间不能替补。

规则规定,一个队员只能被罚出场两次,如出现第三次,也就要取消其该场比赛资格,2分钟以后由其他队员替补。

## (二)纪律处罚

裁判员对严重的犯规和非体育道德行为的运动员可以不经警告判罚出场,直接出示红牌取消其比赛资格。

## (三)换人

手球比赛过程中可以随时换人,不需通过裁判员,但必须在本方场区的换人区换人。

换人时应先出场后入场,如发生换人违例,由对方在换人违例地点掷任意球,并应判罚该违例队员出场2分钟。

守门员不得替换场上队员,但场上队员可以替换守门员,但必须更换守门员服装,并遵守一般换人的要求。守门员换人违例时应判罚出场2分钟。

# 棒球

## 第七章 棒球概述

　　棒球运动是以 9 人为一方，在室外场地使用球棒和球进行的一项球类运动。棒球运动在国际上开展较为广泛，影响较大，被誉为"竞技与智慧相结合的运动"。

## 第一节 起源与发展

棒球的起源较早，群众基础广泛，在美国和日本尤为盛行。

### 一、起源

1750 年以前，英国就已流行着一种叫"克里克特"的游戏，也就是"板球"或"板桨球"。游戏的方法是用一根长 96.52 厘米、宽 10.8 厘米的桨状柳木板击球（见图 7-1-1），还有防守和跑垒等。游戏场地呈椭圆形（见图 7-1-2）。

图 7-1-1

那时正是英国大规模地向美洲一带移民的时期，这种"克里克特"游戏也传入了美国，渐为世人所知。

到了 19 世纪，"克里克特"游戏已经深受人们欢迎。它的规则也随着时间的推移而发生了一些变化，在世界各地也有了不同的名称。

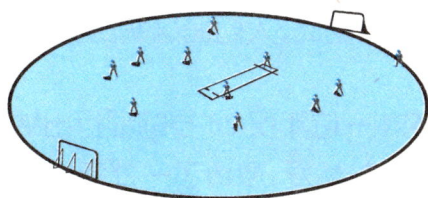

图 7-1-2

据记载,19 世纪 20 年代,美国和英国都流行一种"朗德尔"游戏。这是一种与现今的棒球运动颇为相似的游戏。场地上有 4 根标杆插在石头的底座上,标杆之间相距 11~18 米(见图 7-1-3)。

图 7-1-3

1839 年,在纽约州的西北部一座不足 2000 人的小山城——古柏斯镇,由陆军军官艾布纳·道布尔戴倡议并举办了一场比赛。比赛场地的内场是菱形的,比赛中也有投球、击球、跑垒等。比赛用球是用线包裹着的软球。据此,人们把这次比赛作为棒球运动出现的标志。

1845 年,纽约州一位年仅 25 岁的银行出纳员亚历山大·卡特赖特出于对这种游戏的酷爱,邀请了一批年轻的伙伴,每周聚集两三次,一起进行活动。同年秋天,他们组织了一个叫"尼克博克"的俱乐部,并由亚历山大·卡特赖特执笔制订了第一套棒球竞赛规则,这为棒球活动的开展和推广奠定了基础。

1858 年,美国东部城市成立了几百个棒球队。随后,美国的棒球爱好者日益增多,棒球运动逐渐盛行于全国各地。又经过了 100 多年,棒球运动流传到许多国家和地区,吸引了千千万万的爱好者,成为一项广受欢迎的体育运动。

鉴于亚历山大·卡特赖特对棒球运动所作出的重大贡献,后人推崇他为"现代棒球之父"。美国纽约州的古柏斯镇也成为棒球运动的发源地,人们在那里建立了一座"棒球运动博物馆",收藏了许多历史珍品,陈列着历代著名选手的遗迹。

## 二、发展

1937 年,美国成立了世界棒球协会,后改称为国际棒球联合会,这是世界业余棒球运动的最高领导机构,总部设在美国,会员国(或地区)已由 20 世纪 70 年代的 50 多个增至目前的 100 多个。

1978 年，国际棒联得到国际奥委会的承认，并于 1994 年将总部设在瑞士洛桑。

中国棒球协会于 1981 年 3 月加入国际棒球联合会，1985 年加入亚洲棒球联合会。

目前，棒球运动已在世界五大洲的 100 多个国家和地区开展。

## 第二节 特点与价值

棒球运动和其他球类运动一样，可以增强体质，是一项能够全面锻炼身体的运动。

### 一、特点

棒球运动要求参与者具备反应快、速度快、力量大和灵敏性好的素质。有人说棒球是最富有田径特点的球类运动，这种说法不是没有道理的。由于棒球比赛规则复杂，战术变化多，需要快速的思考、分析和判断，以及默契的配合，所以能培养机智灵活、坚毅果断、勇猛顽强的个人能力和团结战斗的作风。

### 二、价值

经常参加棒球运动，对发展全身肌肉，提高速度、耐力、灵敏性等身体素质都起着良好的作用，还能改善中枢神经系统的功能，协调身体，提高判断力和反应能力，增强呼吸器官的功能，促进新陈代谢。参加棒球运动能给人带来很多乐趣，使人胸襟开阔，能促进身心健康。

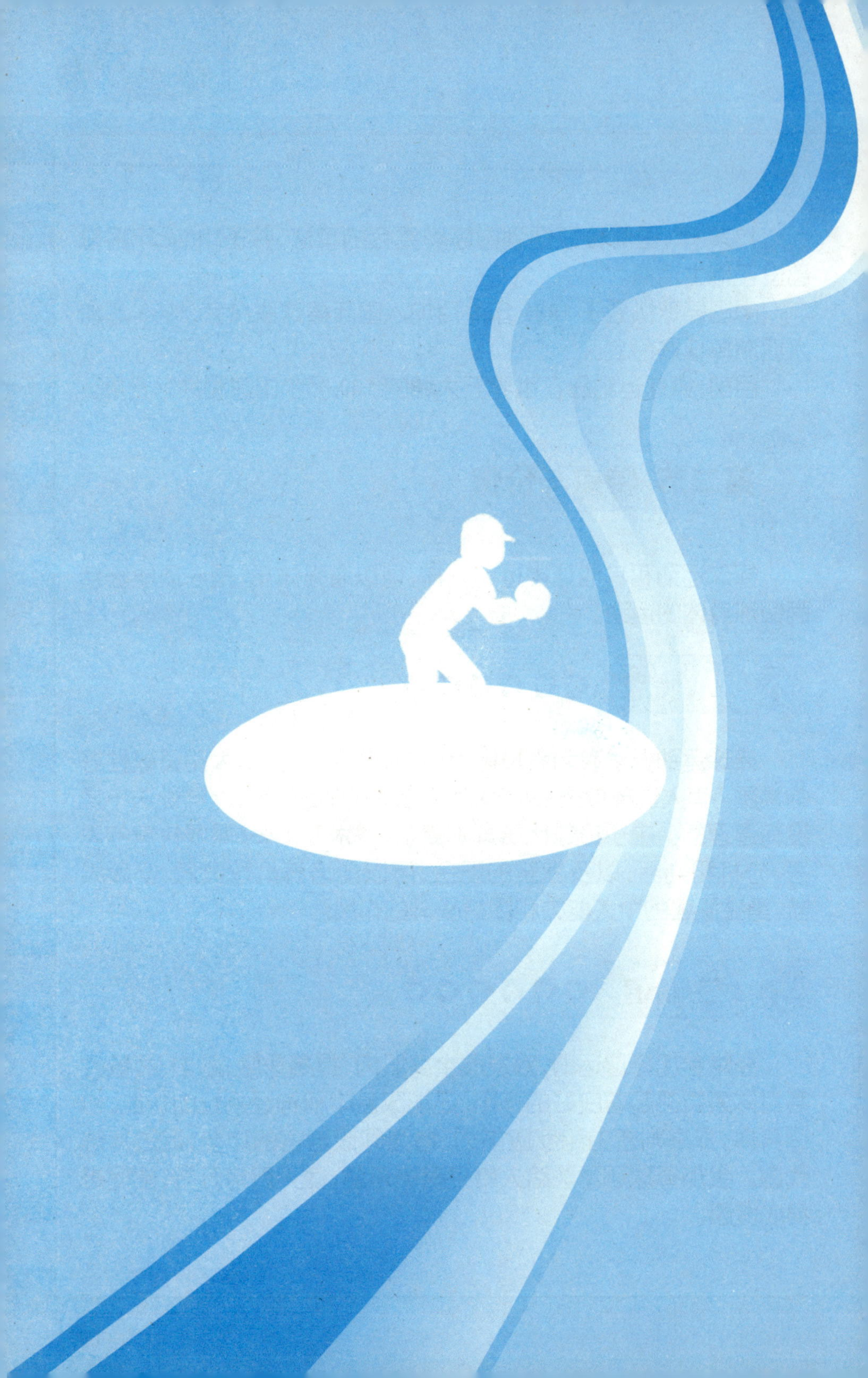

## 第八章 棒球场地、器材和装备

当我们想要进行一项运动锻炼的时候，首先要对这项运动的场地、器材和装备加以了解。当今各项体育运动中，棒球运动的场地是相对较大的，器材和装备也相对较多，本章将对此作以介绍。

## 第一节 场地

棒球比赛的场地呈直角扇形,场地土质要求松软。正式比赛场地内场部分为土质,外场部分为草皮(也有全部为草皮的场地,但跑垒路线必须为土质)。场地应布置接球区、击球员区、跑垒指导员区、跑垒限制线、准备击球员区、比赛有效区(野传球线)、本垒打线和草地线。

### 一、规格

(1)球场分为内场和外场,内场为正方形,四角各有一个垒位,内场也叫"方块";

(2)丈量场地以线的外沿为准,线宽 7.6 厘米(见图 8-1-1)。

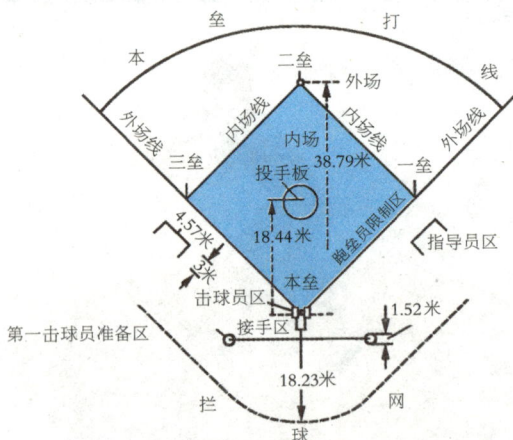

图 8-1-1

## 二、设施

### （一）投球坡和投手板（见图 8-1-2）

（1）投球坡是用土堆成的圆形土坡，高出地面 0.25 米，直径 5.49 米；

（2）投手板是投手投球时脚踏的长方形短板，用木料或橡胶制成，固定在投球坡上。

### （二）击球员区和接手区（见图 8-1-3）

（1）在本垒板左右两侧各有一个击球员区，作为击球员击球的限制区，击球员击球时不能踏出该区；

（2）接手区为接手在接投手投球时的限制区。

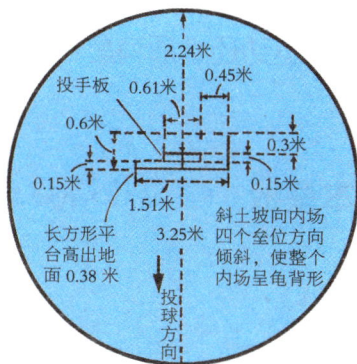

投手板
2.24米
0.61米    0.45米
0.6米
0.3米
0.15米    0.15米
1.51米
长方形平台高出地面 0.38 米
3.25米
斜土坡向内场四个垒位方向倾斜，使整个内场呈龟背形
投球方向

图 8-1-2

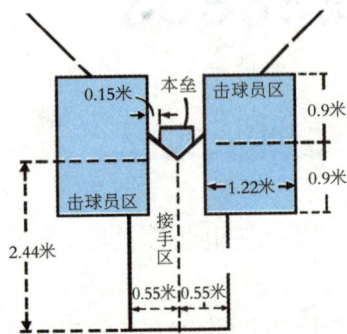

图 8-1-3

## 三、要求

棒球场地地面的土质要松软。

# 第二节 器材

除了场地之外，棒球运动还必须有垒包、本垒板、球棒和棒球等器材。

## 一、垒包和本垒板

### （一）垒包（见图 8-2-1）

（1）一、二、三垒垒包均为边线 38.10 厘米，厚 7.6～12.7 厘米的白色帆布包；

（2）一、三垒垒包应整个放在内场，二垒垒包的中心放在两垒线的交叉点上；

（3）垒包内装鬃毛等细软物，也可用整块白色橡胶制作；

（4）垒包应钉牢在地上。

地面

图 8-2-1

## （二）本垒板

本垒板用白色橡胶制作，呈五角形，应固定在地上，与地面齐平。本垒板尖角两边应与一垒和三垒边线外沿交角叠合。

## 二、球棒

球棒用木料或铝制成，长度不超过 1.07 米，直径不超过 7 厘米（见图 8-2-2）。

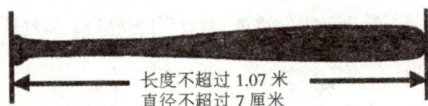

长度不超过 1.07 米
直径不超过 7 厘米

图 8-2-2

## 三、棒球

棒球的圆周为 22.86～23.49 厘米，重量为 141.75～148.34 克，球面用明线缝合（见图 8-2-3）。

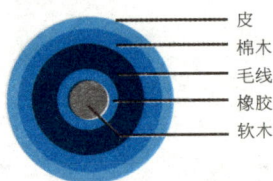

皮
棉木
毛线
橡胶
软木

图 8-2-3

## 四、手套

手套为皮制品，内装毡料等填料，连指手套限接手和一垒手使用，但任何队员都可以使用分指手套（见图 8-2-4）。

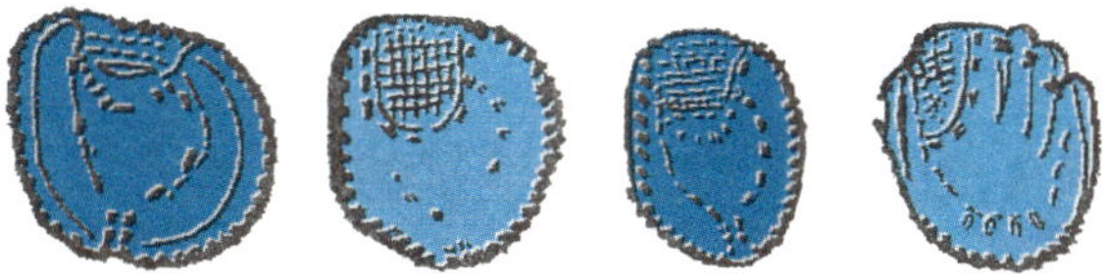

图 8-2-4

## 第三节 装备

　　棒球运动装备相对较多,除了运动员本身应穿戴的球服以外,为了防止发生意外安全事故,运动员还要佩戴各种护具,本节主要介绍棒球运动的服装、护具以及钉鞋。

### 一、服装

　　比赛时,同队队员应穿着式样和颜色整齐一致的比赛服装,包括内衫和外露部分。

## 二、护具

### （一）面罩

面罩用钢条或硬塑料制成，与脸接触部位垫以海绵等软物。

### （二）护身

护身用皮或人造革缝制而成，内装羊毛等轻软物，右肩部比左肩部窄，以便于传球。

### （三）护腿

护腿用硬塑料制成。

### （四）头盔

击球员佩戴的头盔用硬塑料制成（见图 8-3-1）。

面罩

护身

护腿

头盔

图 8-3-1

## 三、钉鞋

钉鞋用皮革制成,钉子为扁形,长度不超过 1.5 厘米,前后脚掌各 3 枚(见图 8-3-2)。

图 8-3-2

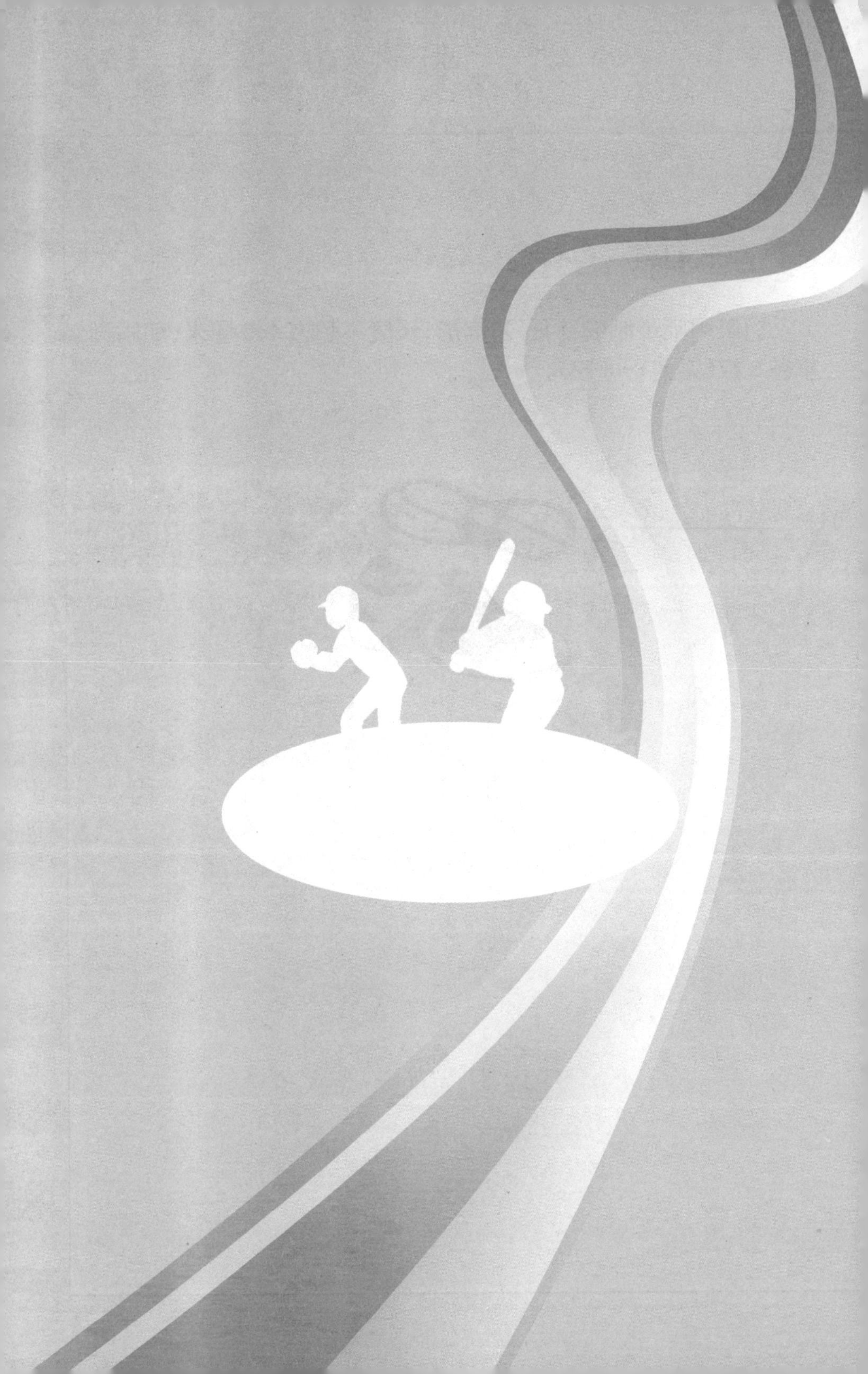

# 第九章 棒球基本技术

棒球运动的基本技术包括进攻技术和防守技术两大类。进攻技术包括击球、跑垒和滑垒等。防守技术包括传球、接球等。

## 第一节 进攻技术

进攻技术是指为了上垒得分所运用的动作方法,包括击球、跑垒和滑垒等。

### 一、击球

击球是攻队上垒和得分的主要方法,是重要的进攻手段。善于击球的队员能给本队创造更多上垒、得分的局面,能直接威胁对方的防守,破坏对方防守中所运用的战术。随着投手球速的不断提高和投球类型、球路的变化多端,击球的技术要求也越来越高。比赛时,如果击球员能根据自己的技术水平和战局的需要,灵活地运用击球方法,就能充分发挥进攻战术的效果。击球包括握棒方法、站立方法、挥击和触击等。

#### (一)握棒方法

根据击球员的击球习惯及战术需要,握棒有长握和短握两种方法。长握是双手握在棒的细段末端,留出棒的圆头。短握是双手握在细段的中间位置,将细段的末端留出 10~15 厘米(见图 9-1-1)。

握棒的动作方法(见图 9-1-2)是:

(1)以右打者为例,左手先握,右手半张开地将棒托在食指、中指的第三指节上,然后将棒卷进右手的指关节内,两手的拇指压在

各自的食指上,将棒竖于身前;

　　(2)两手像拧湿毛巾的动作一样,向相反方向拧动几下,将棒卷紧,直至把两手指关节的排列调整好为止。

图 9-1-1

图 9-1-2

## (二)站立方法

正确的站立方法是准确击球的基础,如果站立方法正确,挥棒时就能利用上身和手臂的力量,击出好球。站立方法包括站位、站法、身体姿势等。

### 1.站位

站位是指击球员进入击球区后,两脚在区内的位置,分为近、远、前、后和中五种。一般来讲,"近位"便于击投手的外角球,"远位"便于击投手的内角球,"前位"便于击投手的慢速球,"后位"便于击投手的快速球,"中位"是一个比较适中的位置,被普遍采用。站位的动作方法(见图9-1-3)是:

(1)两脚离本垒板中心线垂直距离较近为"近位",距离较远为"远位";

(2)两脚离击球员区内场一侧垂直距离较大为"前位",距离较小为"后位",距离居中为"中位"。

### 2.站法

站法是指击球员两脚所站位置的形式,一般有"封闭"、"平行"和"开立"3种(见图9-1-4),选择站法的原则是:

(1)采用"封闭"站法的击球员大多善打外角球;

(2)"平行"站法是一种比较灵活适中的站法,对初学者较为适用;

(3)采用"开立"站法的击球员大多善打内角球。

### 3.身体姿势

确定好站位和站法后,要选择既能保持平衡又能放松的姿势,动作方法(图9-1-5)是:

（1）两脚的间隔与肩同宽或略宽于肩,体重平均分在两脚,膝关节和腰部,保持放松,两眼正视投手;

（2）避免由于身体僵硬而造成的身体过于向前伸,或者腰部过于向后扭,或者肩部斜向某一侧等。

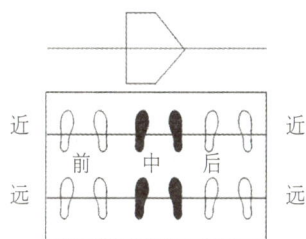

图 9—1—3

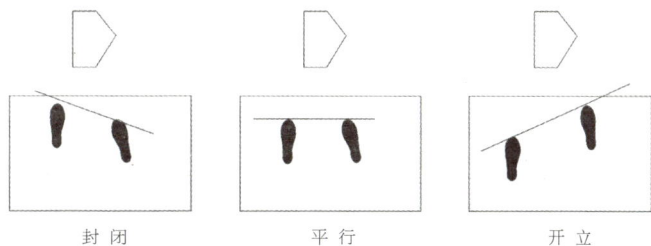

图 9—1—4

图 9-1-5

## （三）挥击（长挥）

挥击是击球员用全力挥棒击球的方法，是进攻战术的基本手段，特点是球迅猛，对防守队威胁较大。一个有力的长挥往往可以一连上几个垒，甚至直接得分；有时在垒上有跑垒员的情况下，一记长挥还可以把跑垒员送回本垒得分，为本队在比赛中奠定胜利的基础。挥击技术好的队员还可以有意识地把球打在防守的薄弱环节或空当内，更好地发挥它的战术作用。因此挥击技术水平的好坏，往往是评定一个队或一个队员进攻能力强弱的主要标志。

1.挥击步骤

一个右打者的挥击完整动作可分解成判断球、引棒伸踏、挥棒击球和随挥 4 个步骤（见图 9-1-6）。

判断球

棒球体积小，球棒较细，投手投来的球速度快、变化多，三击不中就被判出局，这些几乎都是造成击球难度增加的外在因素。因此，对击球员而言，能精确地判断投手投来的球，并能尽快地区分来球的"好"与"坏"，是击球的前提，也是贯穿于击球全过程的一项重要技巧。判断球的动作方法（见图9-1-7）是：

（1）投手把球投出后，击球员要紧紧盯住球，直盯到球离自己7～8米时，立即做出好坏球的判断，决定打或不打；

（2）如果是决定打的好球，要继续盯住球，一直盯到击球点，以便把球击出；

（3）初学者在判断每一个来球时，首先要克服怕球的思想，并养成把球盯到击球点的好习惯。在动作上，要求后脚稳住，不乱动，这样才能通过练习或比赛，逐步建立起意识上的"好球部位"（见图9-1-8）和击球点的空间概念（见图9-1-9），从而逐步掌握好判断球的技巧和提高击球的命中率。

引棒伸踏

引棒伸踏是挥击技术动作中的手臂后引，是全身用力的准备动作，它有助于挥棒动作的快速起动，有助于加大挥棒动作的有效距离，并且直接关系到挥棒击球动作的效果。引棒伸踏的动作方法是：

（1）棒向后引申，身体重心移到右脚，在移动重心时，两肩和上体（包括左侧臀部）以水平方向向右半转体，下颌紧贴在肩窝，但不要耸肩，头部保持正直，面对投手，盯住来球，两臂的肘关节既不要紧贴身体，也不要故意抬高，棒引在右肩的右侧方，棒的指向保持原来状态；

（2）重心刚开始前移时，下颌要贴紧在肩窝，使左肩稳定前移，持棒的手不要急于挥棒，要保持不动，让躯干和持棒的双手形成一

定的间距(见图9-1-10);

(3)身体重心刚开始前移时,右脚应用脚掌内侧向右做短促的伸蹬,加速整个躯干向来球方向的移动;

(4)伸蹬时,脚跟提起,膝关节要内扣,右脚踏地,左脚直接向来球的方向迈出;

(5)迈出时,膝关节要略内扣,这样可以稳定左脚着地的正确位置;

(6)左脚着地时,脚尖不要外展,先用脚掌内侧触地,随着棒的挥动而过渡到全脚掌支撑,再随着随挥的动作过渡到脚掌外侧着地,并在意识上把身体重心固定在两脚之间。

挥棒击球

挥棒击球是击球队员击球时的全身用力动作,是挥击技术的主要环节。在两臂用力的动作中,有起棒、挥棒和棒中球的用力过程;在全身用力中,有髋、腰两个部位依次垂直旋转的用力过程;在下肢用力的动作中,有移动重心到稳定重心的过程。挥棒击球的动作方法(见图9-1-11)是:

(1)挥棒时,右肘关节要积极向前下方运动(棒不要远离躯干运动),以配合左前臂的反手挥拍动作,利用两臂向同一方向急剧伸展的合力和手腕甩鞭似的抖动把球弹出,这样可保证两臂用力均匀并具有爆发力,注意两臂的运行距离要适中,用力时间要短,掌握好棒与球相撞的精确路线;

(2)髋、腰的用力动作通过髋关节的快速垂直旋转来完成,用力的顺序是自下而上。用力开始时,髋的旋转与两臂的起棒动作一致,并以身体纵轴为旋转中心,右打者向左旋转,左打者向右旋转;

(3)下肢的用力动作可保证身体重心平稳前移,为全身挥棒用力创造良好而稳固的基础动作。挥棒开始时，右打者的右脚要站稳，左脚向前伸蹬时用力不要过大，踏地时步子要适中、有力，棒中球时，膝关节力求伸直，脚尖略外展，并用脚掌内侧支撑，这样可保证身体重心稳固在两脚之间，两脚也就稳固地撑在地面。

随挥

随挥是棒击中球的后续动作，动作方法（见图9-1-12）是：

（1）当棒击中球时，在意识上要主动让棒再水平运动一小段距离后，两手随之向相反方向转腕，左手向上翻腕，右手则向下翻腕，而且转腕的同时棒不能停止挥动，这有助于把棒运动的能量充分集中到球上；

（2）转腕后，由两臂带动两肩和上体垂直向左旋转，两臂随之向后上方屈肘，犹如背口袋上肩的动作，直至把棒收至左肩背后；

（3）然后先松右手，再松左手，把棒轻轻地扔在身体左后方，与此同时，左脚蹬地，右脚踏出起跑的第一步。

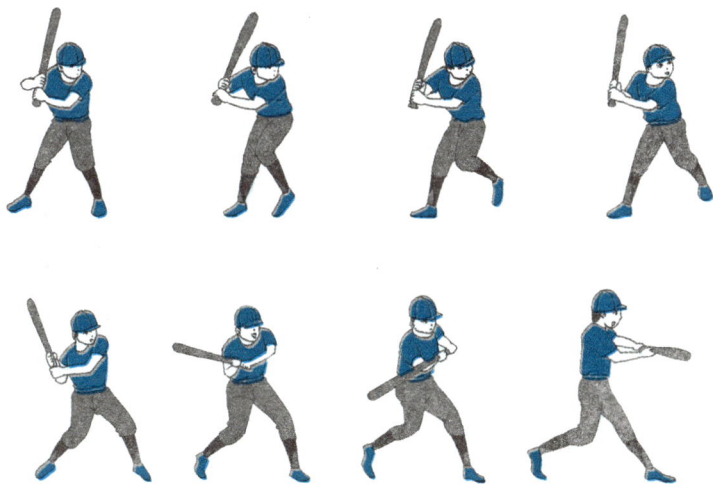

图 9—1—6

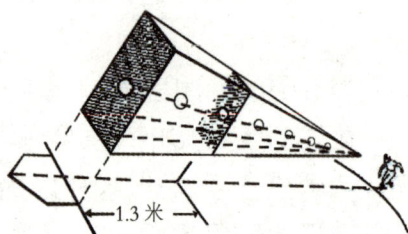

├──1.3米──┤

图 9—1—7

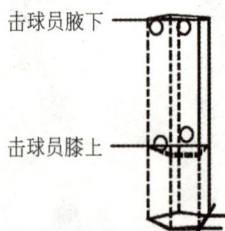

击球员腋下

击球员膝上

图 9—1—8

图 9—1—9

图 9—1—10

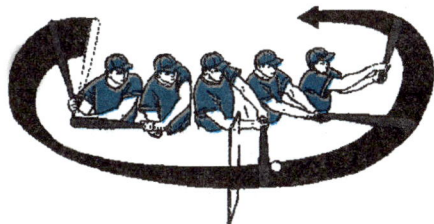

图 9—1—11

图 9-1-12

2.练习方法

练习挥击应着重提高击球员判断球的反应能力和打快球的技巧。在身体素质训练方面应着重提高腰、臂的速度力量（即爆发力）和全身各部位的灵巧、协调等素质。初学者一般通过单人练习的方法，来巩固和改进挥击技术以及发展腰、臂的力量素质。

（1）第一种方法

击球员站在大镜子前面，根据动作要领，边做动作，边检查自己所做动作的正确程度。

（2）第二种方法

利用超重0.5千克的球棒练习挥棒。超重球棒即把球棒的粗端车空后，根据需要，灌入一定重量的铁砂，然后封上，或在球棒的粗端套上一定重量的杠铃片或铁砂袋等。练习时,手持超重球棒连续做模仿挥击的动作,来发展腰、臂肌肉的速度和力量。

（3）第三种方法

用半个汽车外胎,两头用铅丝缚在树干上,高低同"好球部位"。练习时,击球员站在树干的一侧,用球棒对准轮胎连续挥击来体会击球一刹那身体各部位的用力协调性(见图9-1-13)。

（4）第四种方法

把球放在一个可以上下升降的简易立柱架上,在立柱架前面4～6米处,悬挂一块挡布或挡网,并在上面一定位置上做上记号为击球的目标。击球员要连续把球击在挡布的记号内。

图 9-1-13

## （四）触击

触击是一种用球棒轻触来球或等球触棒的击球方法，是攻队战术进攻的主要手段，特点是被触及的球滚动慢且距离近，便于控制方向。比赛时，触击如果运用得突然和及时，往往会使守队措手不及。

1.双手握法（见图 9-1-14）

双手握法是一种普遍采用的握法，也是初学者的基本握法，包括握棒位置和右手指法。

握棒位置有三种（以右打者为例）：

（1）左手握在棒的细端的末尾，右手握在棒的二分之一处或距离粗端三分之一处；

（2）左手握在距离细端三分之一处，右手握在棒的二分之一处或距粗端三分之一处；

（3）初学者可用左手握在距离细端三分之一处，右手握在距离粗端三分之一处，这种握法容易控制棒的平衡，球触棒的命中率较高。

右手指法有两种：

（1）两指握棒，即拇指在上，食指屈于棒下，并由这两指捏住球棒，其余手指呈握拳状，握时必须虎口朝前，虎口与棒之间略留有空隙；

（2）三指握棒，右手的拇指位置同上，食指和中指屈于棒下托住球棒，并由这三指捏住球棒，其余两指屈于掌心，握棒要自然松紧、力度适中。

2.双手触击(见图9-1-15)

(1)球投来时,用双膝的屈伸或双臂的起落来调节棒触球的高度,右打者的触球方向用左臂的屈伸控制,左手略后拉则球触向三垒线方向,左手略前推球则触向一垒线方向;

(2)触击时,球棒要保持水平,并把棒持于"好球部位"的最高点,眼睛盯住来球,直至球中棒,起跑不要过早,否则不易把球触击到场内;

(3)触球力量的大小,由右手或双手短促的前推或后缩动作来控制。

3.单手腋下握棒击球

单手腋下握棒击球常用于隐蔽触击,以及边触边起动的上垒触击战术,是一种难度较高的触击技术,动作方法(见图9-1-16)是:

(1)击球员以挥击准备姿势开始;

(2)当投来一个好球即将通过本垒上空时,右手迅速顺棒滑至棒的中段或三分之一处;

(3)左手将棒的细端迅速推至右腋下,以棒的粗端去触球。

4.脚步移动

脚步移动的动作方法(见图9-1-17)是:

(1)左脚向击球区的左前上方迈半步,右脚再迈在左脚的一侧,也可以是左脚向左后方撤半步,撤至右脚的一侧;

(2)右打者采用两脚前后开立、边跑边触击的上垒触击战术时,棒触球的一刹那,重心应偏于左脚,以便于起动(见图9-1-18);

(3)左打者采用边跑边触击的上垒触击战术时,可采用左脚向右脚前交叉的步法(见图9-1-19)。

5.触击的要领

(1)两种触击都要求眼睛盯住来球,直至球中棒;

(2)起跑不要过早,否则不易把球触击到场内;

(3)采用双手握棒方法触击时,球棒要保持水平,并把棒持于"好球部位"的最高点(见图9-1-20);

(4)球投来时,用双膝的屈伸或双臂的起落来调节棒触球的高度,右打者的触球方向用左臂的屈伸控制,左手略后拉则球触向三垒线方向(见图9-1-21),左手略前推球则触向一垒线方向(见图9-1-22)。

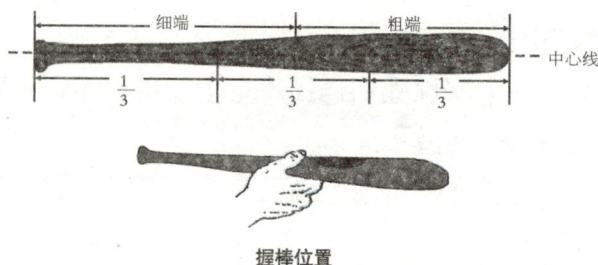

图 9-1-14

图 9—1—15

图 9—1—16

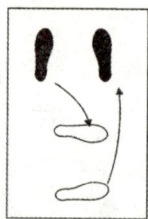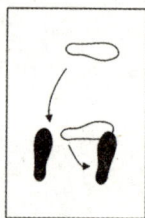

图 9-1-17

图 9-1-18

图 9—1—19

图 9—1—20

图 9—1—21

图 9—1—22

## 二、跑垒

在进攻中,跑垒与击球有着很密切的关系。奔跑速度快、跑垒技术好的运动员,可以使比赛向有利于本队的方向展开。跑垒包括起跑、途中跑、踏垒包、长打后和准备下一个动作。

### (一)起跑

击球员要在击球的同时开始起跑,即在挥棒后要立即转为向一垒的跑垒,动作方法(见图 9-1-23)是:

(1)击球员在击球阶段就要注意如何顺利地转换为跑垒员;

(2)避免因用力挥棒而造成的身体失衡和身体后仰等,否则会影响起跑。

图 9-1-23

## (二)途中跑

攻队队员的上垒、进垒以至得分,都是通过跑垒实现的。正确的跑垒姿势可以加快队员击球上垒和上垒以后继续进攻的速度和效率。队员跑垒姿势的好坏,直接影响着跑垒任务的完成,正确的跑垒姿势(见图9—1—24)是:

(1)双手略张开,两臂以肘部为中心用力前后摆动;

(2)奔跑时目光注视前方5米的地方,切忌低头跑动;

(3)将重心放在前脚掌上,做到急跑急停,移动敏捷;

(4)跑垒时不要看球,否则会降低跑垒的速度,以致丧失安全上垒的机会而被杀出局。

图 9—1—24

## （三）踏垒包

在击球后向一垒跑垒时，击跑员在跑垒限制线内奔跑之后踏垒包，踏垒包的动作方法（见图9-1-25）是：

以脚尖踏触距跑动路线最近的一垒垒包的右侧前部（从本垒方向看），如果踏触垒包中部，不仅会使自己的脚部疼痛，还有可能踏在等待接球的一垒手的脚上而造成受伤。

图 9-1-25

## （四）长打后

在打出长打后，跑垒员必须踏过一垒，向二垒方向快跑，动作方法（见图9-1-26）是：

（1）从一垒垒包前4～5米的地点开始，在略偏出跑垒限制线

的外侧,呈弧形路线跑动,踏触一垒垒包的内侧(左侧)后向二垒前进;

(2)在接近垒包前,步幅调小,以便踏触垒;

(3)最好以左脚踏垒,但是根据步幅或其他状况,也可用右脚踏垒。

图 9—1—26

## (五)准备下一个动作(见图 9—1—27)

跑垒员在安全滑垒后,要想到有机会再进到下一垒,应快速起身,准备下一个动作。即使进不到下一垒也要继续前进,因为这样有可能吸引防守方的注意力,造成其防守失误。

图 9—1—27

# 三、滑垒

滑垒是据跑垒员高速度接近下一垒时，为防止触杀而采取的一种身体接触地面向前滑动、并用手或脚去触摸垒垫的技术动作，也是高速接近垒位时进行急停的一种技术动作。熟练而全面地掌握各种滑垒方法，有利于提高跑垒、偷垒的成功率。滑垒包括勾式滑垒和坐式滑垒。

## (一)勾式滑垒

勾式滑垒是队员在高速接近垒位时，所采取的脚在前、身体在

垒的一侧的滑垒姿势,它是一种防止守队触杀的有效的滑垒方法,一般在跑向二垒、三垒、本垒时都适用,动作方法是:

(1)高速接近一垒;

(2)接近垒前3~4米时,如果需要向垒的右侧滑,则上体在快速移动中向右侧倒,同时左脚用脚内侧向右后方蹬地,右脚同时外展并向垒的右侧伸出(见图9-1-28);

(3)右脚伸出后,依次用脚外侧、小腿外侧、大腿外侧和右侧臀部着地,并带动左脚向垒垫前沿的右角滑去;

(4)左脚向前滑进时,小腿弯曲,并用脚尖去触及垒垫的外角(见图9-1-29);

(5)身体侧倒时要收腹,同时两手由侧平举变成上举,而不要用手撑地,以免受伤。

图 9-1-28

图 9-1-29

## （二）坐式滑垒

坐式滑垒是以坐地姿势向前滑动的滑垒方法，它是高速接近垒前时的一种急停的滑垒动作，特点是滑动距离较短，可在滑倒后立即起立继续前进，所以被广泛运用，动作方法（见图 9-1-30）是：

（1）高速接近一垒；

（2）在垒前 3～4 米时降低身体重心，同时用左脚（右脚）向后蹬地，右脚（左脚）直腿上摆，使身体在前进中略腾起，同时收腹，双手上举；

（3）身体腾起时，左腿（右腿）向右（左）膝关节下方弯曲；

（4）依次用左脚脚背外侧、左小腿外侧和臀部着地呈坐地姿势向前滑进；

（5）用右（左）脚掌触及垒的前沿或垒的一个角；

（6）如果准备继续进垒，上体可向内场一侧倾斜，左手撑地，左腿由跪姿变为向后蹬地，右脚向下一垒方向跨出起立后的第一步。

图 9-1-30

## 第二节 防守技术

在棒球运动中,防守时的传接球是阻止攻队跑垒员(击跑员)上垒、进垒、得分的必不可少的基本技术,也是运用防守战术的基础。比赛中,熟练地运用传、接球技术,可以减少防守时的失误率,有效地阻止、削弱攻队击球进攻的力量,破坏攻队在组织进攻时所运用的战术,从而使攻队难以得分。因此,传接球技术的好坏,往往是衡量一个队或一个队员防守能力强弱的重要标志之一,它包括传球和接球两部分。

### 一、传球

传球是两个或两个以上守队队员之间进行互相配合和运用战术的"传送带"和"运输线",包括球的握法、肩上传球、体侧传球和低手传球等。

#### (一)球的握法

球的握法的动作方法(见图 9-2-1)是:

(1)中指、食指握在球的上方,两指略分开,拇指略屈,放在球的下方,其余手指自然弯曲并置于球的一侧;

(2)球与虎口之间留出一定空隙,空隙的大小应根据自己手指的长短决定;

(3)握球的松紧度要适当,握得太紧影响手腕的抖甩动作,握得太松球出手时容易滑脱而传不准；

（4）中指、食指的指端压在球缝上，两指的指向应与球缝垂直交叉。

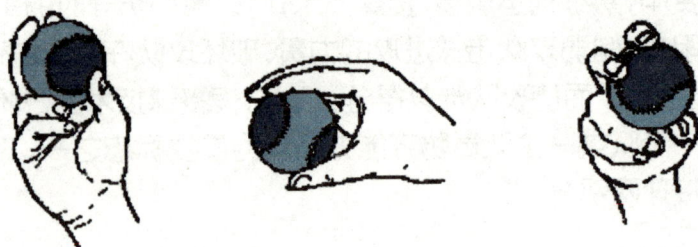

图 9-2-1

## (二)肩上传球

肩上传球是最主要、最基本的传球方法，它以肩部用力为主,常用于中、远距离的传接球配合(例如外场传向内场,内场的垒间传球等),动作方法(见图 9-2-2)是：

（1）开始时,两脚左右开立,身体正对传球方向；

（2）右臂后摆引球时,肩肘向后拉开,肘与肩同高,右手持球

于肩上,手腕前屈,掌心向下;

（3）肩拉开后,整个右臂各关节要放松,两眼注视传球目标;

（4）传球时,上体右转,使左肩对准传球方向,左手自然弯曲置于胸前,身体重心移到右脚;

（5）右臂传球动作开始时,上体保持正直,然后右脚向后伸蹬并推动臀部前移,同时左脚迈向传球方向,左脚落地后,身体重心即应随着髋关节的前送而移到左脚,左脚落在传球目标和右脚所构成的连线上,落地的动作要柔和,膝关节不要僵直,先用脚拇指一侧触地,再过渡到全脚掌着地,落地后,脚尖略指向右前方;

（6）球出手前的一瞬间,手腕要尽量放松,使鞭打动作更为有力,球出手的位置应在身体前面和右额的斜前上方。

图 9-2-2

## （三）体侧传球

体侧传球是在较短距离之间进行传接球配合时所采用的一种传球方法,常用于比赛中以二垒为中的"双杀"配合。体侧传球以肘关节用力为主,特点是球路比较平直,但因球呈侧旋、球飞行较远时球路会略向右拐,动作方法(见图 9-2-3)是:

(1)动作开始时,两脚左右开立,上体正对传球方向;

(2)右臂后摆时,右手持球于肩腰之间的外侧,左手自然屈于体前,眼睛注视传球目标;

（3）右臂后摆做引球动作时，掌心向里，手腕内屈，肘关节向后，右肩向后拉开，屈臂沿水平方向向后引球，右臂各关节放松，此时左肩右转对准传球目标，同时身体重心移至右脚；

（4）右臂前摆时，右脚向后伸蹬，左脚顺势向传球方向迈出半步，同时身体重心移至左腿，肘关节先快速向前送出，带动前臂快速前摆，此时手腕变为后屈，掌心向外持球；

（5）当右手摆至身体右前方时，手腕和手指模仿抽鞭动作将球甩向目标；

（6）球出手后，右臂继续随球出手的方向伸展。

图 9-2-3

## (四)低手传球

低手传球是在近距离之间进行配合的传球方法，常在接传触击球和"双杀"配合时使用，它以手腕用力为主，传球时持球手摆动的幅度小、动作快，不需充分利用上体转动的力量，动作方法（见图9-2-4）是：

（1）动作开始时，两脚前后开立，两膝弯曲，上体前屈，模仿接地滚球姿势，身体重心在两脚之间；

（2）接球后，上体保持前俯的接球姿势，左肩正对传球方向；

（3）右臂后摆引球时，前臂向后拉开，同时右肘向后高抬，掌心向下，手腕放松，左手自然屈于胸前，两眼注视传球目标；

（4）右臂前摆时，手腕后屈，肘关节先向前摆，带动前臂和手腕模仿抽鞭动作把球传向目标；

（5）球出手时，使球从左膝关节的右前方脱手，右臂随球出手的方向跟进；

（6）传球时，左脚一般不做伸踏动作，只是右脚向右迈出一步，以维持身体平衡。

图 9-2-4

## 二、接球

接球是防守队员处理击球和传球、阻止击跑员或跑垒员上垒得分,以及进行战术配合时必不可少的基本技术,包括接平直球、接地滚球和接高飞球等。

### (一)接平直球

平直球的球速快,接球的动作方法(见图9-2-5)是:

(1)两脚灵活移动,使来球在胸前接住,即来球略偏左时,左脚向左跨一步,来球略偏右时,右脚向右跨一步,也可采用前交叉步;

(2)用双手接球,把球接在手套的掌心与虎口交界处,球进手套一瞬间,手套略后缩以作缓冲。

图9-2-5

## (二)接地滚球

接地滚球的最理想时机是球刚反弹的一瞬间,动作方法(见图9-2-6)是:

(1)两脚跨在球前进方向的两侧,距离略宽于肩,左脚可向前站半步,或两脚左右开立,对略偏两侧的来球,可用滑步去接;

(2)两手前伸,手套指尖触地,右手在手套小指一侧自然张开,准备护球;

(3)如果来球速度很快而来不及选择接球时机,要张开手套主动前伸去找球。

图 9-2-6

## (三)接高飞球

接高飞球是棒球比赛中非常重要的技术环节,判断好球的第一落点是接球的关键,动作方法(见图9-2-7)是:

(1)原地接高飞球时,两脚前后开立,左脚在前,身体重心放在右脚上;

(2)行进间接两侧高飞球时,可采用前交叉步起动,行进间接过头球时,可采用左脚或右脚后撤一步再转身起动的步法;

(3)接右后方高飞球时,右脚后撤向右转身,接左后方高飞球时,左脚后撤向左转身;

(4)上手接法是,双手前上举(正对太阳时,用双手挡住阳光),拇指相靠;

(5)下手接法是,小指相靠,掌心向上自然前伸于体前,接球于虎口,并立即把双手收至右肩前或胸前,以缓冲和更快地把球传出。

图9-2-7

# 第十章 棒球基础战术

战术是为了充分发挥技术水平、争取比赛胜利所采取的具体方法。制订战术时,要做调查研究,要分析本队和友队的具体情况,从而在知己知彼的基础上充分发挥本队特长。棒球的基础战术包括进攻战术和防守战术等。

## 第一节 进攻战术

进攻战术是指为了战胜对方，进攻队采用的某种集体或个人进攻方法。它包括打投手第一个投球的战术、打最后一个投球的战术和"跑而打"战术等。

### 一、打投手第一个投球的战术

投手为夺取更多的投球"击"数，往往给击球员投第一个球时就投好球。攻队如果遇到这种情况，就应及时运用这种机会主动打第一个好球。一般在比赛的前几局中，这一战术较为适用。

### 二、打最后一个投球的战术

场上出现"二击三球"时，投手往往要投好球，击球员应主动打这一好球，这就是打投手最后一个投球的战术。当然，如果投手控制球的能力下降，投来的不是好球，就不要起棒。

### 三、"跑而打"战术

跑垒员偷垒时，防守场区会出现空当，"跑而打"战术即把球击向该空当，从而为跑垒员和击球员创造双双进点的机会。运用这一战术时，跑垒员和击球员不需用暗号取得联系，击球员只打投手投来的好球。跑垒员先偷垒，引诱二垒手或游击手向二垒靠拢，使一、二垒间或二、三垒间出现空当，然后击球员把球击向空当。这个战术成败的关键在于击球员能否向空当击出地滚球（见图 10-1-1）。

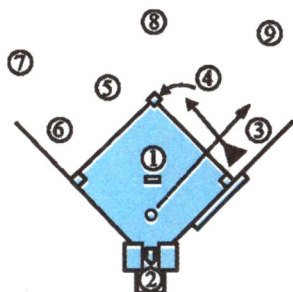

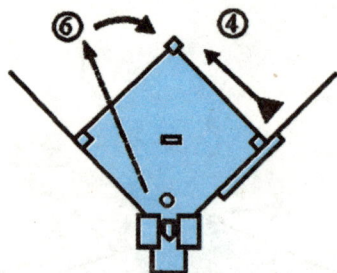

图中序号位置表示该号球员在场地中位置

图 10−1−1

## 第二节 防守战术

在棒球比赛中，防守队必须形成一个有机的、生动的战斗整体。全体队员应树立积极主动、互相支援、互相配合的思想，这样才能有效地摆脱和克服被动局面，机动灵活、随机应变地运用各种防守战术,从而争取防守的主动。防守战术包括全场防守的阵形、全场防守中各位置的防守范围和全场防守中各位置的移动配合等。

## 一、全场防守阵形

比赛时,防守队应根据攻队击球员的击球能力、击球方向以及当前可能运用的进攻战术,组成合理的防守阵形。在对方击球之前,一般由接手来组织防守阵形,调整各队员的防守位置。例如,攻队击球员是个左打强打手,全场防守的位置便向右移动,把防守力量向右集中,全队形成"防右"的阵形。如果攻队有可能采取触击战术时,内场各防守位置就应向前移动,力量向前集中,形成内场"进迫防守"的阵形。

## 二、全场防守中各位置的防守范围

棒球运动的特点是每个防守队员的分工基本固定,防守的范围也比较固定。由于场地大,来球变化多,这就要求队员尽可能把防守范围扩大,并与相邻队员的防守范围互相衔接或有部分交叠。如果防守队某些队员判断能力强、反应快且跑得快,那么,这些队员防守击球的范围就可以相应增大。因此,在部署队员防守位置时,有必要把基本技术较好、战术意识较强以及防守范围较大的队员放在左路和中路,这是因为大多数击球的方向都在中路和左路。对外场手而言,必要时可以互相换位,即把能力强的外场手集中到需要的方向和位置上(见图10-2-1)。

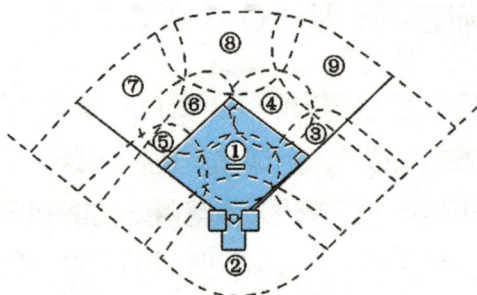

图中序号位置表示该号球员在场地中位置

图 10－2－1

## 三、全场防守中各位置的移动配合 ✿✿✿✿✿

　　每当击球员上场击球时，每个防守队员应对击球员的击球方向和可能采取的战术有所估计；对场上的情况要做到心中有数；预先想好接到球后传向何处；别的队员处理球时，自己向何处移动等等。这样做好了准备，就能够根据来球的方向和速度以及来球的形式，快速、有效地进行防守活动。

　　这里介绍全场防守中，处理击球时各位置移动的两个典型例子。

　　例1：两人出局前，击球员击出左外场高飞球时各位置的移动情况如下：

　　（1）①号补一垒；

　　（2）②号补到一垒后；

　　（3）③号补到二垒后；

　　（4）④号回原垒，⑤号回原垒，⑥号站到⑦号、④号之间接应⑦号传球；

　　（5）⑦号接到击球后传球给⑥号或④号；

　　（6）⑧号补到⑦号身后；⑨号补到一垒手身后。

　　例2：两人出局前，一垒或一、二垒有跑垒员时，击球员击出右外场高飞球时各位置的移动情况如下（见图10-2-2）：

　　（1）①号补到三垒后，②号守本垒组织传球；

　　（2）③号回一垒，④号回二垒，⑤号回三垒；

　　（3）⑥号插到⑤号和⑨号之间准备接球；

　　（4）⑦号补到二垒手身后，⑧号补到⑨号身后；

　　（5）⑨号接到击球后传给④号和⑥号。

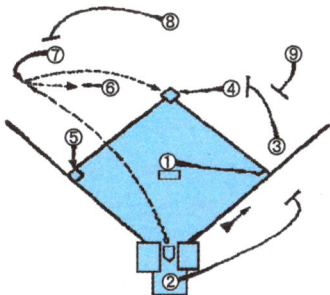

图 10-2-2

# 第十一章 棒球比赛规则

　　没有规矩不成方圆，运动的乐趣一方面来源于运动技巧，另一方面在规则的指导下，合理规范地进行体育锻炼，可以让锻炼者得到极大的愉悦与满足感。本章主要介绍棒球比赛的程序与裁判。

## 第一节 程序

比赛程序是指参赛队员在参加比赛之前和比赛过程中，以及比赛结束时所要注意和遵守的相关规则和违规处理情况。

### 一、参赛办法

#### (一)球队组成

(1)双方各由 9 名队员出场比赛；

(2)在内场防守的队员叫内场手，由投手(①号)、接手(②号)、一垒手(③号)、二垒手(④号)、三垒手(⑤号)和游击手(⑥号)共 6 名队员组成；

(3)在外场防守的队员叫外场手，由左外场手(⑦号)、中外场手(⑧号)、右外场手(⑨号)共 3 名队员组成。(见图 11-1-1)。

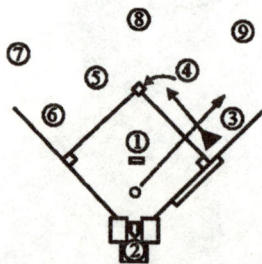

图 11-1-1

## 二、比赛方法 ✿✿✿✿✿✿

比赛开始后,攻队的 9 名队员按照本队预先编排好的"击球顺序",拿上球棒进入"击球员区"(见图 11-1-2)准备击守队投手投来的球。

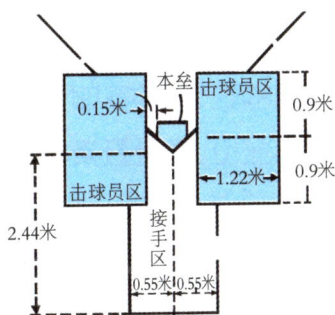

图 11-1-2

用球棒击对方投球的队员叫击球员。击球员在一次轮击机会中,如果 3 次都没有击中投球,或者投手连续投了 3 个"好球"("好球"是指通过"本垒板"上空,高度在击球员自然站立时腋以下膝以上的投球)而未击,则判击球员"出局"("出局"就是取消该队员本次的进攻权）；如果投手累计投了 4 个"坏球"（"好球部位"以外的投球），击球员可以不再击球而安全进占第一垒。比赛中击球员专等投手投"四坏球"的机会是不多的，所以击球员必须主动进攻，利用自己每一轮机会把球击出。如果能击得又平又远，使守队队员一时无法接住，击球员就可以乘机迅速跑经一、二、三垒直至本垒，从而获得 1 分。如果击出的球在落地前被守方直接接住，则判击球员出局。

棒球打在扇形场地以外叫界外球。界外球在落地前如未被守方接住，击球员还可以重打，击球员击球时不仅要能打高远球，还要善于打出飞向守队空当的球，这种球叫"安打球"。打出"安打球"能突破对方的防守而攻占垒位，甚至直接得分。

击球员击出的是地滚球时，守方只要把球接住并把球传到一垒即可，如果球又先于击球员到达一垒，就判击球员出局。如果击球员先于球到达一垒或同时到达一垒，则判为"安全"。击球员安全到达一垒后（即变成了跑垒员），下一个击球员继续击球。跑垒员可以在击球员的配合下跑向下一垒；但是守队也可在跑垒员尚未进到下一垒时持球"触杀"该跑垒员（"触杀"是指守队队员持球碰触离开垒位的跑垒员，使之出局）。例如，投手准备投球时，如果跑垒员离开原垒企图向下一垒偷跑，投手就可以向该垒上传球，该垒守场员在跑垒员回垒前持球碰触该跑垒员，就判跑垒员"触杀"出局。所以击球员击球时必须同时考虑到如何为垒上同伴创造安全进垒的机会。

在比赛中，两人出局以前，如果一垒、二垒、三垒都有跑垒员，这是攻方有可能得分的大好局面,只要下一个击球员善于击球,打出一个"本垒打"(直接越过"本垒打线"的击球),就可以一下获得4分。

守队的投手对防守起较大的作用。如果投手投的球快而变化多,又能针对击球员的弱点投球,就能起到减少攻方击球进攻的威胁,甚至在关键时刻使攻方难以得分。

攻方 3 人出局后,两队互换攻守。双方各攻守一次为一局,一场正式比赛共进行 9 局,以 9 局累计得分多的队为胜队。

## 第二节 裁判

学习和了解裁判方法,对于我们掌握裁判员的判罚尺度,提高比赛成绩,合理有效地运用规则会有很大的帮助。

### 一、裁判员

棒球正式比赛一般需要裁判员 4 人,即主裁判员 1 人,司垒裁判员 3 人。

#### (一)主裁判员

(1)主裁判员的位置在接手身后;

(2)负责宣判投手的好或坏球,以及"击"数和"球"数,跑垒员是否得分,界内球或界外球;

（3）察看和处理双方违反规则的活动。

## （二）司垒裁判员

（1）3 名司垒裁判员分别站在一、二、三垒的后侧；

（2）负责宣判有关垒位跑垒员的安全上垒或出局，察看和处理跑垒员在垒上违反规则的活动；

（3）协助主裁判员执行规则。

## （三）记录员

记录员负责登记双方上场队员的姓名和击球顺序、记录好坏球数和出局人数，以及记录比赛经过和双方成绩。

## 二、记分

如果能击得又平又远，使守队队员一时无法接住球，击球员就可以乘机迅速跑经一、二、三垒直至本垒，从而获得 1 分。如果击出的球在落地前被守方直接接住，则判击球员出局。在比赛中，两人出局以前，如果一、二、三都有跑垒员，这是攻方有可能得分的大好局面，只要下一个击球员善于击球，打出一个"本垒打"（直接越过"本垒打线"的击球），就可以一下获得 4 分。攻方三人出局后，两队互换攻守。双方各攻守一次为一局，一场正式比赛共进行 9 局，以 9 局累计得分多的队为胜队。

## 三、违例

（1）突然急投：击球员尚未做好击球准备，投手突然急速向其投球的行为叫"突然急投"。这是不合法投球。

（2）任何队员不得故意用泥土、松香、石蜡、甘草、砂纸、金刚砂纸或其他物质磨损、污损或弄脏比赛用球。

（3）在比赛成死球局面时，替补队员可以随时上场替补，参加比赛。替补队员可替补本队"上场队员名单"上所列任一队员，并按被替补队员的击球次序上场击球。被替补队员下场后除可担任跑垒指导员外，不得再次上场参加本场比赛。

（4）如有两人或两人以上同时替补时，必须在上场前将每名队员的击球次序向司垒裁判员说明，并由司垒裁判员通知记录员备查。如果没有说明，裁判员有权指定替补队员的击球次序。原投手在同一局中仅限一次担任非投手的守场位置。

（5）穿着比赛服的运动员不论在比赛前后或比赛进行中都不得与观众谈话或与观众混坐在看台上。